JN062960

BUSINESS
NEGOTIATION

ビジネス
交渉

PRACTICE
MANUAL

実践マニュアル

信頼関係をベースにした
交渉力の強化

観音寺 一嵩 kanonji ikkou

株式会社NRIJ 代表取締役社長

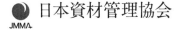

日本資材管理協会

JMMA

はじめに——あなたなら、どのように交渉しますか？

　日本人の勤勉で実直な国民性と、ものづくりにおける強いこだわりや改善意欲により、日本は世界に名だたる技術大国・ものづくり大国になりました。しかし、良いものをつくるのは得意ですが、それをグローバルなマーケットで売り出すのは苦手といえます。

　その原因の1つに、日本人の「交渉下手」「交渉嫌い」があります。特に、外国人相手の交渉では、不公平な契約や大きな負担を被り、悔しい思いや敗北感を味わった日本人が少なからずいます。

　なぜ、日本人はこれほどまでに「交渉下手」「交渉嫌い」の人が多いのでしょうか。

　1つ目の理由は、日本人が農耕民族だったことです。農耕民族は土地に根を下ろし、コツコツと農作物をつくるためムラ社会を形成し、互助的な共同生活をしてきました。それにより協調、勤勉、真面目、礼儀正しさ、親切など、世界から高く評価される国民性ができあがりました。

　一方、ムラ社会は秩序維持のために規律や掟が重視され、ムラ長を頂点とするピラミッド型の厳しい上下関係が形成されました。

　「長いものには巻かれろ」「出る杭は打たれる」などの多くのことわざがあるように、周りの人と違うことを極端に嫌がりました。

そのため「上には逆らわない」「自己主張しない」「異議を唱えない」という交渉しない国民性が醸成され、交渉下手になったと思われます。

　２つ目は、ほとんどの日本人の交渉が我流であることです。交渉を体系的・論理的に学習したことがないため、長く交渉実務に携わっていてもなかなか学習効果が上がらず、いつまで経っても交渉に自信が持てません。そのため多くの日本人が交渉嫌いになったのではないでしょうか。

　日本人の道徳観、倫理観、行動規範といったものが、グローバルビジネスにおいて、裏目に出ることがたくさんあります。

　しかし、交渉力スキルは生まれながらの資質だけではなく、技術として学べるものが多くあります。国民性を理解した上で交渉スキルを磨いていけば、柔軟性のある日本人は、グローバルビジネスの場面でも間違いなく交渉上手になれます。

　本書で、多くの日本人が抱いている「交渉」に対する誤解による「交渉嫌い」を払拭してもらいたいと思っています。

　本書で紹介する交渉理論は、英国の PMMS（Purchasing and Materials Management Services) コンサルティング・グループが、クライアント企業のメンバーを対象に、ビジネス交渉スキル向上を目的として開発したものです。

　外交問題や法廷などで争うとか、相手を論破するための交渉ではなく、お互いに知恵を出し合い、双方が納得・満足できる合意点を見出すための交渉力プログラムであり、「５・６・７理論」と呼ばれています。

　交渉を体系的・論理的に理解していないと、交渉結果の良し悪しの原因がわかりません。それでは同じ過ちを繰り返すなど、学習効

果を上げることが困難です。また部下などに交渉力を教えることもできません。

　私は 2002 年に当プログラムのライセンスを取得し、長年にわたり日本国内において「交渉力」に特化して、多くの研修やコンサルティングを実施してきました。

　本書は、私が過去に執筆した『戦略的交渉力』（東洋経済新報社）、『絶妙な交渉の技術』（明日香出版社）、およびセミナー受講者のアフターサービスとして配信しているメールマガジン「交渉ワンポイント・レッスン」、ならびに「読売新聞」や「経営プロニュース」などに掲載したコラムなどの原稿を総括し、その集大成としてまとめあげたものです。

　交渉に臨むに当たっての事前準備から交渉後の自省に至るまで、すべての交渉過程で役立つ実践的マニュアルに仕上げました。

　特に、ビジネス交渉事例を多用していますので、交渉における「座右の書」として活用していただければ幸いです。

ビジネス交渉 実践マニュアル　目次

はじめに──あなたなら、どのように交渉しますか?

第1章　交渉の基本理念

I 基本概念

第1章

交渉の基本理念

　交渉理論は、目的とする基本理念や概念によってその内容が異なります。世の中には、二度と交渉するつもりのない相手に対して、騙す・脅すなど手段を選ばない交渉手法を説く理論や、交渉における力関係の優位性を濫用して、交渉相手に無理難題を受け入れさせる理論も存在します。

　それに対して、当理論は相手と敵対するのではなく、信頼関係をベースにした協力関係に基づく交渉理論です。

　まず、当理論における交渉の定義を行い、信頼関係をベースにした交渉をするためには良好な人間関係の構築が必要なこと、および長期的・累計的成果を上げるにはどうすればよいのかについて説明します。

　さらに、体系的・論理的に交渉を習得するための「5・6・7理論」について解説します。

（1）交渉とは

　本書では「交渉とは、２人以上の当事者が互いに異なる立場から合意するポイントまで動くプロセス」と定義します。ここでいう立場とは、ポジションではなく「主張や要望」のことで、交渉は人と人との関係が中心となる行為であることを肝に銘じてください。

折衝との違い

　『大字源』では、交渉とは「ある事を実現するために、当事者と話し合うこと。掛け合うこと」、一方、折衝とは「有利に事を運ぶように相手と駆け引きすること。外交的または政治的駆け引きなど」とあります。

　交渉は「交（まじわる）」と「渉（わたる）」の組み合わせでできた熟語であり、相手と関わり合い、助け合うことを意味します。一方、折衝は孔子の「相手が衝いた矛先を折る」という言葉が由来で、戦場で敵対関係にある相手と対峙することを意味します。

　交渉が友好的な話し合いのイメージに対して、折衝は戦闘的で厳しい論争のイメージになります。

プレゼンテーションとの違い

　プレゼンテーションとは、自分が伝えたい内容を、相手にわかりやすく伝えることです。特定個人の属性に合わせる必要がないため、

自分の話す内容がポイントになります。一方交渉とは、お互いに相談しながら問題を解決することで、相手の属性に合わせる必要があるため、相手に話をさせ、聞き出すことがポイントになります。

プレゼンテーションは一方通行のスキルですが、交渉は双方向のスキルが要求されるため、それぞれにおいて必要とされるスキルには、大きな違いがあります。

合意の３つのパターン

合意には次の３つのパターンがあります。

1．主張や要望の異なる立場にいる相手を説得し、自分の立場に相手を引き入れて合意する

2．相手の要求を受け入れて、相手の立場に自分が歩み寄り合意する

3．互いに譲り合い、双方の立場の間で合意する

上記１のパターンが、自分にとって最も大きな成果をもたらしますが、相手が満足・納得するとは限りません。

２のパターンは、交渉知識や経験がなくても相手の要望をすべて飲めば合意はできますが、合意後、後悔や悩みを抱えてしまいます。

３のパターンが、ビジネス交渉では一番多いものです。交渉の目的は相手と合意することです。

ただし、合意点が自分の立場に近いほど交渉の成果は大きくなるので、１のパターンで合意できなくても、相手をできるだけ自分の立場近くまで引き寄せることがポイントになります。

（2）良好な人間関係の構築

　交渉の成果は、相手の協力度に正比例します。自分がいくら正論を主張しても、相手が納得して協力してくれなければ交渉は成立しません。そのため、相手の協力が得られるような考え方や言動を身につけて交渉を行うことが重要です。

交渉相手は敵ではなくパートナー

　相手を敵だと思えば表情も言動も険しくなります。相手も警戒し身構えますので、双方とも緊張して苦しくなり、相手に会う前から気分は憂鬱になります。

　そして、会ったときには咽喉はカラカラ、への字口で、とても険しい、または脅えた顔になり、相手も同様になります。これでは双方ともその交渉が苦痛になってしまい、良い成果は望めません。

　ビジネス交渉では、交渉相手はパートナーなのです。双方が協力し知恵を出し合い、お互いの立場が成り立つように協議します。

　目の前の問題や課題を、どのように解決していくかを相談し、双方の利益を創造していく大切な味方です。

　交渉相手を敵ではなくパートナーだと心構えを変えるだけで、交渉が楽になると同時に、相手の協力が得やすくなります。

交渉スタイルは「ウォーム＆タフ」

　交渉には交渉者の資質が出ます。資質のままで行う交渉は、次のどちらかのスタイルに大別されます。

1．ウォーム（温かい）＆イージー（容易）
2．クール（冷たい）＆タフ（粘り強い）

　しかし、このどちらのスタイルも満足のいく成果をあげることができません。イージーな交渉では正当な配分すら得られなくなります。また、クールな交渉では、相手の気持ちが離れ、その場から早く立ち去ろうとするので、なかなか成果が得られません。

　そのため、交渉スタイルとしては「ウォーム＆タフ」を推奨しています。温かく友好的な表情や雰囲気を保ちながら粘り強く交渉し、相手の協力を引き出し、自分の成果を高めていくのです。

（3）長期的・累計的　　成果を上げるには

　交渉には、1回だけの近視眼的成果を目指すものと、長期にわたる累計的成果を目指すものの2つの方法があります。

　近視眼的成果を目指すのであれば、手段を選ばず、騙したり脅したりすることもあり得ます。ただし、それ以降、相手からは拒絶反応を示されて、二度と成果をあげることはできないでしょう。

　一方、長期的・累計的成果を目指すのであれば、双方が納得・満足できる合意を心掛ける必要があります。そのためには、双方の良好な人間関係に基づく信頼関係の構築が必要になります。

　信頼関係は交渉において最も重要な要素で、信頼関係抜きに長期的・累計的成果を得る交渉は不可能です。

信頼の３段階

信頼には次の３段階があります。

1. 契約的信頼——たとえ口約束であっても、取り決めた内容は、双方が忠実に守るという信頼
2. 能力的信頼——契約的信頼があるだけではなく、それを実行する能力があり、それを双方がフルに発揮するという信頼
3. 好意的信頼——相手が期待以上の高い質や努力を好意的に提供するであろうという信頼

上記１の契約的信頼が、交渉における最も基本的なものであり、これがないと安心して契約することができません。

２の能力的信頼には、会社や組織としての能力とともに、交渉者自身の能力に対する信頼も含まれます。

３の好意的信頼があれば快い合意が可能になり、長期的・累計的成果をあげることができます。そのためには、相手の自発的・好意的な協力を継続的に得なければなりません。

これを得るには普段から、約束を守る、ウソをつかない、可能な協力はするなど、相手との良い人間関係を構築することが不可欠になります。

価値をクリエイト

交渉では、いつでも「クレイム（奪い取る）」と「クリエイト（創る）」との選択肢があります。ただし、クレイムの手法は、ほとんどが騙しや脅しであり、継続的に相手の協力を得ることができません。

しかし、自分の利益の確保は、必ずしも相手の利益を奪うという

ことではありません。自分の利益を確保しながら、相手の利益を増やすことも十分に可能です。

　ビジネス交渉において長期的・累計的成果を上げるには、相手の価値を奪い取るのではなく、双方の価値を創るほうが効果的です。

相手のメリットを確認

　ウイフム（WIIFM）とは「What's in it for me ?」の略語です。交渉では、相手のメリットを確認することができれば、相手に魅力的な提案をすることが可能になり、良い合意ができます。

　長期的・累計的成果を上げるためには、相手にも納得感や満足感のある合意が不可欠になります。

ウィン／パシブドウィン

　「ウィン／パシブドウィン」とは、合意のときに自分がしっかりと成果を勝ち得ると同時に、相手にも「パシブドウィン（勝ったと認識）」と思ってもらえるような心構えのことです。相手を敗者にしない交渉をすることが重要です。

　長期的・累計的成果をあげるためには、自分の成果を上げながら、相手にも納得感や満足感を与える「ウィン／パシブドウィン」の心構えが不可欠です。それを成し遂げるために「感性価値」（→ p.29）の活用や「取引カード」（→ p.38）の交換を行います。

（4）5・6・7理論

　「5・6・7理論」は、信頼関係をベースにして、長期的・累計的に交渉成果を上げるために開発され、開発後も多くのコンサルタントが実践を通して培った経験を理論に反映しています。

　当理論は「5つの説得テクニック」「6つの交渉フェーズ」「7つの交渉タクティクス」の3つのカテゴリーで構成されています。

5つの説得テクニック

　相手を説得するには、次の5つの説得テクニックがあります。

1. 感情・情動　2. 論理　3. 威嚇　4. 駆引き　5. 妥協

6つの交渉フェーズ

　相手と合意するまでには「下準備」の他に、次の6つのフェーズがあります。

1. 目標設定　2. 計画　3. 開始　4. 確認　5. 移動　6. 合意

7つの交渉タクティクス

　交渉を優位に運ぶための交渉タクティクス（戦術）は数多くあります。ここでは、16の中心戦術と12の補助戦術を解説しますので、その中から自分の得意技にしたいものを最低7つ選択し、マスターしてください。

《16の中心戦術》
①棚上げ　②第三者の権限　③積木方式　④負担の委譲　⑤ラスト・チャンス　⑥塵も積もれば　⑦サラミ・スライス　⑧沈黙は金　⑨しっぺ返し　⑩万力　⑪刑事コロンボ　⑫耳にたこ　⑬煙に巻く　⑭ねずみかじり　⑮シベリア転勤　⑯針のむしろ

《12の補助戦術》
①ベン・フランクリン効果　②バンドワゴン効果　③ウィンザー効果　④ピグマリオン効果　⑤スティンザー効果　⑥プラセボ効果　⑦ピーク・テクニック　⑧ハウリング効果　⑨スリーパー効果　⑩カリギュラ効果　⑪反同調効果　⑫不貞の法則

　この「5・6・7理論」をマスターすれば、交渉を体系的・論理的に理解することができます。
　交渉相手との良い人間関係を基盤として、長期的・累計的成果をあげることができます。
　さらに、交渉における学習効果が確実に上がり、良い交渉成果につなげることができ、部下などに交渉を体系的・論理的に教えることもできるようになります。

【事例1】大手ホテルのダブルブッキング

　本件担当者のＳさんは、グループ企業50社を擁しているＮホテルチェーンで、1年前に予約担当者として配属されました。

　Ｓさんは着任早々、Ａ電設資材卸業協同組合（組合員数300社）の定時総会とパーティーの受注に成功しました。交渉相手はＡ組合の古参社員であるＸ課長でした。

　総会開催までに1カ月を切ったある日、自社内の連絡ミスにより、Ａ組合事務局の食事会場として予定していた部屋のダブルブッキングが発覚し、代替部屋もなくどうすることもできない状況でした。

《アドバイス》

　まず、これは損得問題ではなく、自社ホテルの信用問題であることを肝に銘じて、真摯に対処しなければなりません。

　事務局の会食人数を念頭に置いて代替案を検討してください。最初から「無理、できない」というようなバリアー（障壁）を排除し、数名にてブレーンストーミング方式（→ p.61）で検討することが有効です。

　ホテルの予定会場以外で代替できる場所やスペースはないのか？ラウンジ、屋外スペース、バーなどの飲酒スペースは？

　場合によっては、ホテル外の近場レストランなどの活用も検討する必要もあります。

　代替案の重要ポイントは、変なところでケチらず、相手方が納得・満足してくれる内容（→「相手のメリットを確認」p.21）であるということです。

　自社のミスが原因のトラブル処理をする場合、代替案を事前に用

意し、早目に自発的に提供する（→「アクティブ対応」p.159）ことです。

　また、代替案は1つではなく必ず2案以上用意しましょう（→「2つ以上の提案」p.159）。

　代替案が1つだけですと、相手がいったん了承してくれたとしても、後から「うまく言いくるめられたのではないか？」などの疑念を生むことがあるからです。

　一刻も早く代替案を用意してX課長に会いに行き、真摯に謝罪した上で、事実を報告し、代替案を持参した旨を伝えてください（→「初動対応」p.152）。

　このとき、最初に責任回避や言い訳と取られるような原因説明をしてはいけません（→「事実確認・原因究明」p.155）。

　一度でも相手の感情を害すると収拾がつかなくなってしまうからです。

　迅速な問題解決のためには、相手に味方になってもらい、相手から自発的・好意的にアドバイスをしてもらえる状況を作りだすことが肝要です。

　本件で最も重要なことは素早い対応です。相手が納得できるような代替案を早く用意して持参することがポイントになります。

第2章
5つの説得テクニック

　双方が互いに異なる立場にいる場合、合意を目指すためには説得が必要になります。本章では「5・6・7理論」の「5つの説得テクニック」について説明します。相手を説得するには、次の2つのアクション群における、5つの説得テクニックがあります。

《ワンウェイ・アクション（一方通行）》
　「ワンウェイ・アクション」とは、最初は異なる立場にいる相手を説得し、相手だけを動かして合意するもので、もっとも強力なテクニック群です。
　（1）感情・情動　　（2）論理　　（3）威嚇

《ツーウェイ・アクション（双方向）》
　「ツーウェイ・アクション」とは、相手に譲歩を求めると同時に、自分も何らかの譲歩の提案をして合意するというテクニックです。効果的ではありますが、ワンウェイ・アクションより成果は小さくなります。
　（4）駆引き　　（5）妥協

（1）感情・情動テクニック

「感情・情動テクニック」は、相手を説得し、相手の心を動かすことにより合意しようとするものです。

まず感情でアピール

人を動かすには、最初に「感情・情動テクニック」を考慮します。21世紀を代表する米国の脳神経科医アントニオ・ダマシオ博士は次のように述べています。

「大統領といえども、大銀行の頭取といえども、最初の意思決定は感情によってなされる。人は、思考→言葉→行動の順で動く。いきなり行動することはなく、最初に、感情によって思考が生まれ、思考によって新たな感情が芽生える」（『感じる脳』ダイヤモンド社）

つまり、人は行動に移すかどうかを、まず直感的に感情で決めると示唆しています。相手を動かそうとする場合、多くの人は論理と威嚇で説得しようと試みますが、それではうまくいきません。最初に感情でアピールすることが重要です。

相手の意思が絡む交渉では、まず相手に好意を持ってもらうことが協力を引き出す何よりのゴールへの近道です。

返報性の二面性

「返報性」とは、相手から何かを与えられたときに、自分もお返

しをしたいという心理のことです。この返報性には「好意の返報性」と「悪意の返報性」という相反する二面性があります。

　人は知らない相手と会った場合、防衛本能が働き相手が敵か味方かをすばやく判断し、返報性という感情的な心理状況をつくります。

　交渉の場においても、相手を味方と判断すれば「好意の返報性」が生じ、相手の説明に対して理解とサポートの気持ちが芽生えます。

　逆に、同じ説明でも相手を敵だと判断し警戒すると「悪意の返報性」が生じ、すべて言い訳やだましと受け取り反発する気持ちが生じます。

　相手に味方と認識してもらうためには、「○○さんのお力になりたい」「精一杯がんばります」などのメッセージを発して、相手に「私はあなたの味方です。敵ではありません」ということを伝える必要があります。

感性価値の活用

　「感情・情動テクニック」のもとになるのが「感性価値」です。

　金額換算をするのは難しいですが、強力な薬と同じで少量でも確かな効果を発揮します。

　ビジネス交渉で成功するには、この感性価値を活用しない手はありません。

　会社や組織として活用できる感性価値としては「信用、名誉、実績、経験、知識、ノウハウ、ブランド、認知度、評判、顧客ロイヤリティなど」が挙げられます。

　たとえば、初対面でも、大企業などの有名企業の名刺を出すだけで信用してもらえます。

　会社の感性価値の活用法としては「自社の強み、優位性、差別性、

独自の提案など」の要素を列挙し、それらを３つに絞っておきます。そして的確なタイミングで相手にアピールします。

　「弊社は社歴が 100 年を超えています。これもひとえに多くのお取引様からの長期にわたるご支援の賜物のお陰です」と相手に伝えることで、信用できる企業としての感性価値をアピールすることができます。

　それにより、相手の評価が上がり、より多くの協力を得られる可能性が高まります。

　一方、個人が活用できる感性価値としては「好意、誠意、真心、やる気、努力、向上心、安心感、人徳、人脈、柔軟性、可能性など」が挙げられます。

　活用法としては「自分の特性、特技、信念など」を列挙し、それらを３つに絞っておきます。そして的確なタイミングで相手にアピールします。

　「あなたの信念に感銘を受けました。ぜひ、そのプロジェクトに私も加えていただけませんか？　そのプロジェクトに対するやる気と熱意は、誰にも負けません」と伝えることで、自分のやる気と熱意という感性価値をアピールすることができます。

　それにより、自分に対する評価が上がり、相手が協力してくれることで、自分の成果を得られる可能性が高まります。

コンプリメント

　「コンプリメント」とは、相手に対する承認・称賛・感謝を表現する褒め言葉のことです。

　1. 承認：相手や相手の会社を認める（自分が評価）
　2. 称賛：相手や相手の会社を褒め称える（第三者が評価）

3. 感謝：具体例を持ってお礼を言う

米国の心理学者ウイリアム・ジェームズは「承認欲求（人間は好意を持って認められたい動物である）」を提唱しました。

これは、ほぼすべての人に当てはまりますし、褒められて気分を悪くする人はいないので、大いに活用しましょう。

（2）論理テクニック

論理で相手を説得する場合、事実やデータ、証拠などを示しながら説明し、自分の主張や要望が正当であることを裏づけます。

データなどを見せながら説明すると、相手の理解は口頭だけの説明に比べ3割高まるともいわれます。

また、年上や目上の人は、口頭だけでは説得できないと肝に銘じてください。口頭の説明では、内容の良し悪しに関わらず「俺に意見するつもりか」などと感情的に反発されやすいからです。

その場合、必ず事実やデータなどを提示しながら「○○のデータによりますと、このようになっております。そこで、△△をしたほうがいいのではないかと思い、提案させていただきました」と言えば、年上や目上の人も、素直に聞く耳を持ってくれます。

まず自分の論理主張から

論理の説得には必ず理由がつきます。その理由を聞いた相手は心理的に弱くなってしまい、主張や要望がしづらくなります。

論理テクニックで相手を説得する場合は、まず自分の論理主張をすることで相手が防御に回るため、自分が優位に議論を進めること

ができます。

　また、性急に「なぜ？」と相手に聞くことは止めましょう。なぜ
なら、その質問は、相手にもっともな理由を話すチャンスを与えて
しまうからです。

　あなたが「なんでそんなに高いの？」とか「なんでそんなに時間
がかかるの？」と質問した場合、相手は「待っていました」とばか
りに、数多くの理由を並べ立てるでしょう。

　それを聞かされたあなたは、もう反論できず「万事休す」になっ
てしまいます。

論理的な説明手法

　論理的に説明する手法としては「PREP（プレップ）法」と「SDS
（エスディーエス）法」の２つがあります。

　PREP法は、短い時間で相手を説得する場合に活用します。結論
重視の手法といわれ、報告および交渉向きです。

　次の頭文字を取ってPREP法と呼ばれています。

・Point（要点・主張）：「〜することを提案します」
・Reason（理由）：「理由は〜」
・Example（具体例）：「具体例としては〜」
・Point（まとめ・要約）：「そこで、〜を提案します」

　一方SDS法は、時間的に少し余裕がある場合に活用します。ス
トーリー重視の手法といわれ、講演やセミナーおよびプレゼンテー
ションなどに適しています。

　次の頭文字を取ってSDS法と呼ばれています。

・Summary（全体の概要：要約）：「〜ついて説明します」

・Details（詳細説明）：「具体的には〜があります」
・Summary（まとめ）：「以上、〜について説明しました」

論理だけに頼らない

　論理だけを頼りに相手を説得してはいけません。人には感情があり、信頼感などによって言葉の受け取り方が変わります。
　そこで、ベースとして「良好な人間関係の構築」（→ p.18）が不可欠になります。
　また、論理の応酬が続き「論理合戦」になった場合、理論武装の強いほうが勝ち、相手を敗者にしてしまいます。理詰めで言い負かされた人は、相手に対する恨みしか残りません。
　ビジネス交渉で論理合戦をしても、成果は上がらず双方が不機嫌になるだけで何のメリットもありません。
　もし、論理合戦になりそうだと感じたら、一番簡単な対処法は、笑い飛ばすことです。
　「○○さんは、いつもキツイことばかり言うのだから、もうお願いしますよ（笑い）」と軽くかわし、その緊迫状態をほぐしてみましょう。
　そうすることで、相手の気分やその場の雰囲気を壊さずに済み、交渉の決裂を防ぐことができます。

感情と論理の組み合わせが最もパワフル

　説得テクニックのうち「感情・情動テクニック」と「論理テクニック」の組み合わせが最もパワフルな説得法です。
　ビジネス交渉は「感情・情動テクニック」だけでは協力してもら

うことができません。また、「論理テクニック」だけでは理解してもらえたとしても、相手の感情によって、合意してもらえるという保証がありません。

　どのような交渉においても、最初に「感情・情動テクニック」と「論理テクニック」による交渉プランを立て、その組み合わせで相手を説得することを心掛けてください。

　「感情・情動テクニック」と「論理テクニック」の組み合わせの比率は、相手のタイプ（→「タイプ識別法」p.53）、職種、状況などによって変わります。

　交渉相手がエンジニアなどの技術職や専門職の人の場合は、データやエビデンスなどによる論理主体の説明が不可欠ですので、論理が 80 ～ 90%、感情・情動が 20 ～ 10% の比率になります。

　一方、相手が営業職などのヒューマンライクな人であれば、感情・情動が 50 ～ 70%、論理が 50 ～ 30% の比率になるでしょう。

（3）威嚇テクニック

　「威嚇テクニック」は、説得というより、相手がそうせざるを得ないように追い込むものです。

　「威嚇テクニック」を使う場合は、直接的ではなく遠回しに使うようにしましょう。

　露骨な威嚇、個人的に脅すようなものは絶対に避けるべきです。それは逆効果で、相手からの、より大きな威嚇を誘ってしまいます。

デメリットの強調

「威嚇テクニック」は、相手にとって不利な結果や、必ずしも好ましくない事態が起こり得るということを気づかせるためにも活用できます。

心配や不安は、少しの種を撒くだけで勝手に根を張り膨張するもので、相手は自信が持てなくなり、主張や立場が弱くなります。

悪い事態を避けるためには、当方が提案するプランを実行することが望ましいという結論へ上手に結びつけます。

威嚇は「デメリットの強調」と読み替えることができます。

威嚇のツケ

強い立場でごり押しする交渉は、近視眼的成果は得られるかもしれませんが、長期的・累計的成果を上げることはできません。

立場が変わったときには、いままでの怨みでしっぺ返しをされることもありますし、いざというときに相手の協力を得ることができません。

たとえ立場が変わらないとしても、嫌な会社や相手には良いサービスや商材が後回しにされることもあり、本来、自分が得られるはずの利益を逸してしまいます。

自分が強い立場にいても、交渉相手に対しては温かく友好的な言動が望まれます。

実行する覚悟がない威嚇は使わない

自分の強い立場を利用して「嫌ならいいのだよ。他に代わりはい

くらでもあるのだから」と威嚇をかけたところ、相手が「その条件ではとても無理ですので、残念ですが受けることはできません」と、席を立ってしまったとします。

　強く言えば、相手は受けてくれると思っていたのに拒否された場合、慌てて「今のは冗談だから、何とかしてよ」と相手にお願いしたとしても、すでに自分は弱い立場になっています。

　相手から「それならばこうしてください。それでなければ無理です」と言われても、一旦断られている立場ですから拒否しづらくなります。

　また、それで取引を継続したとしても、相手は上から目線で偉そうに威嚇をかけられたという不信感は簡単には拭えないでしょう。

　強い立場にある場合でも、上から目線で威嚇をかけることは、すべての面で相手の反感を買うので、避けるべきです。

　「ツーウェイ・アクション」は、相手に譲歩を求めると同時に、自分も何らかの提案をするという譲り合いのテクニックで、合意のために双方の動きを必要とするものです。

　「ワンウェイ・アクション」で合意できなかったときに、「ツーウェイ・アクション」に移行します。

　移行のイメージは次図のようなものです。

『ツーウェイ・アクションへの移行』

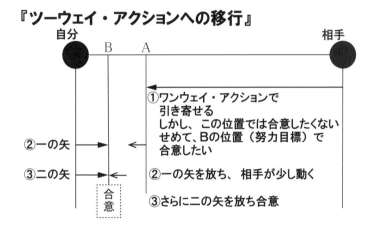

①「ワンウェイ・アクション」で相手を引き寄せたが、相手はAの位置で止まり動かない。自分は、この位置ではまだ合意したくない。せめて、Bの位置（努力目標）で合意したい。

②相手を動かすため、一の矢（1つ目の提案）を放ち相手の譲歩を求める。相手は少しは動いたが、まだBの位置には来ない。

③二の矢（2つ目の提案）を放ち、Bの位置で合意する。

　合意できない場合は三の矢、四の矢が必要になる。

この譲り合いの「ツーウェイ・アクション」には、「駆引きテクニック」と「妥協テクニック」があります。

「駆引きテクニック」と「妥協テクニック」の違いは、相手と合意したとき、自分の納得感や満足感が高い場合は「駆引きテクニック」になり、低い場合は「妥協テクニック」になります。

（4）駆引きテクニック

駆引きとは、双方が納得できる合意をするために条件を交換することです。条件は、合意に向けて動きが止まった相手を動かすために不可欠なものです。

多くの条件がないとゼロサムゲームになり、交渉はすぐに暗礁に乗り上げてしまいます。交換できる条件が多ければ、双方の満足感や納得感の高い、良い合意に結びつきます。

取引カード

取引カードとは「これをあげますから、その代わりそれをください」と交換できる条件カードのことです。

そのうち、自分がとりたいカードを「優先カード」、相手に譲ってもいいカードを「譲歩カード」といいます。

ビジネス交渉における取引カードの主役は価格です。しかし、価格だけでは幅のない交渉となってしまい、合意が困難になります。そこで、自分の交換可能なカードを多く用意しましょう。

多くの取引カードを用意

「自分が用意できる取引カードは何もない」と、最初からあきらめている人がいますが、それだと何も思いつきません。「何かあるはずだ」と熟考すれば、有効な取引カードを思いつくものです。

取引カードの例としては次のようなものが挙げられます。

価格、数量、納期、品質、仕様（スペック）、支払条件、契約期間、アフターサービス、業務分担、次回取引、納品条件、返品条件、保証・賠償、技術支援、資金支援、梱包・包装、代替材料、無料サンプル、紹介・推薦、独占的地位、訓練・教育、共同開発、ＶＡ・ＶＥ、など

具体的には「いまであれば、納期については○○日くらいの延長であれば協力できます。その代わり、価格については、○○円でお願いします」などのように交換して使います。

交渉結果の想定

交渉結果の想定では、次の３つのパターンを考えておきましょう。
 1．最高の結果が得られるパターン
    主な取引カードの最高目標が、ほとんど達成された状態
 2．まずまずの結果が得られるパターン
    主な取引カードの努力目標が、まずまず達成された状態
 3．最低の結果に終わるパターン
    主な取引カードの最低ラインが、ほとんど守り切れない、

または交渉が決裂してしまう状態

取引カードを多く用意することで、最低の結果である３の状態から脱却することができます。

良い駆引き

「良い駆引き」とは、交渉で自分が勝ち取りたい価格などの「優先カード」と、自分にとって手間やコストの少ない「譲歩カード」との交換ができた場合をいいます。

相手にとっての価値と自分にとっての価値は同じではないので、そのような交換が成立するのです。

価値の相違の要因としては、次のようなものが挙げられます。
・会社の規模（大企業、中小企業、零細企業、個人事業）
・会社や業界の状況（好・不況、資金需要）
・交渉者の立場（昇格前・後、利害関係者の有無）
・時期（年末、決算期、キャンペーン）

たとえば、キャンペーン中は、利益よりも売上金額や売上件数を重視する場合があります。

利益を度外視してでも、売上実績を獲得しようとし、同一商品でも普段よりかなり安価で販売することなどもあります。

マーカーを置く

「マーカー」とは、価格や条件を指しますが、ここでは駆引きのときに、譲歩して提示する価格や条件をいいます。

相手の心づもりがわかれば対策が立てやすくなりますので、相手にマーカーを置かせることを優先します。

　ただし、自分が売り手などで、どうしても自分からマーカーを置かざるを得ない場合は、自分の心づもりより、なるべく離れた位置にダミー（捨て）マーカー置くのが定石です。

　相手が「高い」と言ったときに「それなら、いくらならいいですか？」と相手にマーカーを置かせることができます。

　また、自分からすぐマーカーを置く人は、提示した価格や条件にこだわりがないとみなされ、相手からさらなる譲歩を迫られてしまいます。安易にマーカーを置かないようにしましょう。

　定石では相手にマーカーを置かせたほうが有利ですが、自分が先に置くほうが有利な場合もあります（→「アンカリング効果」p.139）。

　たとえば、市況価格で決まるとか、双方の希望価格の隔たりが少ないなど、ほとんど交渉の余地がない場合です。

　そのときは、相手の要求範囲をあらかじめ可能な限り制限するため「今回は○○円でお願いします」などと先手を取って、自分からマーカーを置くほうが有利に交渉を進めることができます。

フリンチ

　「フリンチ」とは、提示された金額や条件に対し、ショックを受けたような表情や発声のことです。

　相手の提案に対する「ノー」のメッセージになります。

　交渉では相手にマーカーを置かせるほうが有利ですが、そのとき、とんでもない価格や条件が提示されるというリスクがあります。

　その場合は、間髪を入れずにフリンチをかけ、驚いてみせて相手

に「ノー」の意思表示をします。

それをしないと、相手がブラフ（はったり）をかけていた場合「それでも大丈夫なのだ」という間違ったメッセージを与えてしまい、その後の自分の交渉を苦しくしてしまいます。

交渉では「ノー」を言ったり言われたりすることは当たり前です。

相手の提案などが受け入れられないときは、ボディーランゲージを使いながら、笑顔でフリンチをかけましょう。

このテクニックを身につけておくと、相手に気楽に「ノー」を伝えることができます。自分なりの使いやすいフリンチを用意しておきましょう。

サンク＆バンク

「サンク＆バンク」とは、相手が配慮のあるマーカーを置いてくれた場合、配慮してくれたことに対して、まず「その提案は大変ありがたく感謝します」と感謝（サンク）して、一旦貯金（バンク）するテクニックです。

「サンク＆バンク」が必要な理由は、相手がオーナーなど自分で意思決定できる人は、自分としては配慮したつもりの譲歩のマーカーが、フリンチで拒否されると激高し、その時点で交渉が壊れてしまう恐れがあるからです。

しかし、相手のマーカーに不満があれば、そのまま受け入れる必要はありません。「じつは、こういう事情がありますので、もう少し何とかしていただきたいのですが……」と続けて要請します。

「サンク＆バンク」をかけていれば、相手のさらなる譲歩が期待できます。

（5）妥協テクニック

　「妥協テクニック」は、5つの説得テクニックの中でもっとも弱いもので、最後の手段として使います。なぜなら、妥協で合意に達したとしても、双方とも、あるいは自分か相手のどちらかに、納得感や満足感が少ないことが多いからです。

性急に妥協しない

　「妥協テクニック」は、双方が満足できる結果を求めるのではなく、単に双方の要望の中間点で合意し、双方の利益を半減させる方法です。

　他の説得テクニックを使い切っても合意に至らず、このままでは決裂かという段階になり、どうしても合意したい場合に「妥協テクニック」を使います。

　「いろいろとご都合もあるでしょうが、先刻から申している事情からこの件はどうしても本日中に決めたいと思っています。つきましては、お互いの要望の真ん中で手を打っていただけませんか？」

　この場合、いままでの双方の人間関係や経緯によっては「わかりました。そこまでおっしゃるのであれば、今回はあなたに花を持たせましょう」と相手が譲ってくれるかもしれません。

駆引きとの違い

　小さい子供がスーパーマーケットで、親にチョコレートをねだったのですが「チョコはダメ！」と拒否されました。

しかし、子供はあきらめられなくて、次の二通りの説得テクニックを使うことによって品物を手に入れることができました。

　子供の納得感や満足感が高いのは、どちらのほうでしょうか？

　1.　お手伝いするからチョコレートを買って！

　2.　（買ってくれそうな）キャンディでいいから買って！

　1の場合、お手伝いは自分からの提案ですから、チョコを手に入れることができたら、子供の満足感は高いでしょう。この場合は「駆引き」になります。

　2の場合、キャンディを手に入れることができたとしても「本当はチョコが食べたかったのに」となり、必ずしも子供の満足感が高いとは考えられません。この場合は「妥協」になります。

最後の手段として妥協を使う

　日本人が「落しどころ」と言っているのは、ほとんどの場合が妥協点のことです。

　交渉の場から早く逃れたいという心理から、性急に妥協してしまいがちです。そのため合意したとしても、納得感や満足感が少ないのです。

　5つの説得テクニックの流れを整理すると、次頁の図のようになります。

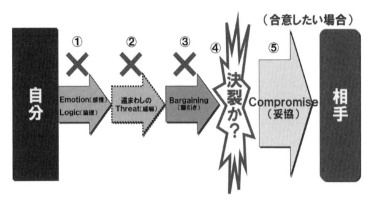

① まず「感情・情動テクニック」と「論理テクニック」の組み合わせで相手を説得する

② 有効であれば「遠回しの威嚇（デメリットの強調）」（→ p.35）をかける

③ 「駆引きテクニック」で、取引カードを交換しながら合意を目指す

④ 取引カードを切り尽したが、それでも合意できずに沈黙が続き、このままでは決裂してしまう。

⑤ どうしても合意したい場合、最後に「妥協」テクニックを使い、相手に合意を促す

「妥協テクニック」で合意できたとしても、自分も相手も納得感や満足感が少ないので、「妥協テクニック」は最後の手段として使いましょう。

【事例-2】 システム変更に伴う作業代行

　本件担当者のＵさんは、大手電気機器メーカーの関連会社で、お客様担当のプロジェクトリーダーを務めています。

　クライアントのＤ社は、スポーツウェア製造・卸で同業界では中堅企業です。交渉相手は同社のＺ課長です。Ｚ課長は、何事においても、かなり無理を言う人です。

　Ｄ社では販売システムの陳腐化やIT機器の老朽化もあり、全面的なシステム変更業務を進めていました。

　しかし、納品期日があと１週間を切ったころ、Ｚ課長から、マスターの入力、および運営マニュアルの作成依頼が来ました。

　Ｄ社の手違いでその作業ができなくなったため、急遽、代行してほしいとの要請でした。

《アドバイス》

　当案件は、Ｄ社の手違いによるものであり、万一それらの作業の遅れによりシステム変更スケジュールに影響が発生した場合は、Ｚ課長の責任問題にもなりかねません。

　そこで、当方の人員確保などに目途がつけば、まずはＺ課長を安心させてあげましょう。「できる協力はさせてもらいます」と断言します（→「好意の返報性」p.29）。

　続けて「ただ、それらの作業を代行するとすれば、当然ながら費用と手間がかかります。

　概算で見積りますと、マスター入力作業費が10万円／7人日で70万円。運営マニュアル作成費が10万円／10人日で100万円、合わせて170万円の金額になります」（→「自分の論理主張から」

p.31)。

　さらに続けて、自社の手間と費用に見合う金額を確実に取得するため「費用についてご理解いただければ、私が責任を持って完遂します」と切り込んでください（→「イフ・ゼン型提案」p.93）。

　これは裏返せば「もし費用を認めていただけなければ、私も立場上、この話をお断りせざるを得ません。それはご理解ください」ということです。

　ただし、Ｚ課長から費用減額などで要望が出た場合は、その理由などを確認し、その対処方法については前向きに相談に乗りましょう。

　そのため、あらかじめ自社の「取引カード」（Ｐ 38）を多く用意しておき、自社にとっても納得感や満足感のある合意ができるよう準備してください。

第3章
6つの交渉フェーズ

　交渉において合意するための段階や過程のことを「交渉フェーズ」と呼びます。交渉には6つのフェーズがあります。

　交渉に縁のなかった人も、この6つの交渉フェーズに沿って確実に実行していけば、自分の望む合意に結びつきます。

　対面前の『準備フェーズ』では、交渉に臨むに当たっての目標設定をする「目標設定フェーズ」と、目標を達成するためのさまざまな計画を立てる「計画フェーズ」の2つのフェーズがあります。

　さらに対面後の『実施フェーズ』では、協力を得るために短時間で相手に好意を持ってもらうための「開始フェーズ」、相手に協力してもらうために相手の要望や本音を聞き出す「確認フェーズ」、双方が合意に向けて動く「移動フェーズ」、そして「合意フェーズ」という4つのフェーズがあります。

　なお本理論は、対面交渉を前提にしていますので「6つの交渉フェーズ」の前段階として必須の『下調べ』（交渉相手の情報収集）についても解説しています。

　この《下調べ》と6つの交渉フェーズが、本書の交渉理論の基幹になります。

孫子の兵法に「彼を知り己を知れば百戦殆べからず」とあるように、相手の情報を多く収集し、相手のことを知れば知るほど有利な交渉をすることができます。

（1）取引先重視度分析

私たちのビジネス時間は限られており、すべての交渉相手に対し、同じように時間や手間、コストをかけることは不可能です。そこで、取引先重視度分析を行い、それぞれの取引先にどの程度の手間やコストをかけるべきかを判定します。

<取引先重視度分析表>

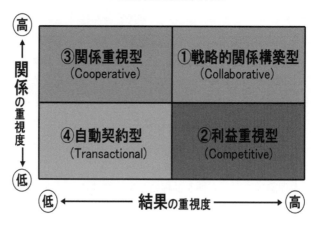

縦軸を「関係」の重視度、横軸を利益や売上高など「結果」の重視度にすると4つの象限ができます。

この「取引先重視度分析」は次のように活用します。

1．主な取引先を1社1社、思い浮かべながら、表の4象限の中に記名する

2．各象限ごとの交渉戦略として次のことを考える

　①第1象限「戦略的関係構築型」

　　「関係」も「結果」も重視度が高く、今後においても大切にしたい相手なので、しっかりと事前準備をして、時間も労力も惜しまずにかける交渉をする。

　②第2象限「利益重視型」

　　「結果」は高いが、代替企業が存在するため「関係」はそう高くない相手。自社の「結果」を重視した交渉をする。

　③第3象限「関係重視型」

　　「結果」は高くないが「関係」は高い相手。技術力が高いなど自社にとって重要な相手なので、関係を重視した交渉をする。当初は自社が負け、相手が勝つという選択肢もあり得る。

　④第4象限「自動契約型」

　　「関係」も「結果」も高くない相手。代替企業が多く存在するので、自分の時間などを取られないような交渉をする。

　この取引先重視度分析により、取引先の選択と集中を行い、重要な取引先に対しては、自分の時間や手間、およびコストを十分にかけます。

　一方、重視度の低い相手には、自分の時間や手間、およびコストを極力、取られないようにするという交渉戦略を立てることができます。

逆重視度分析

「逆重視度分析」とは、取引先から見た当社に対する重視度のことです。たとえ当社が発注する立場であるとしても、発注側がつねに強い立場とは限りません。

当社の発注ボリュームが多くない場合、相手企業にとって当社の重視度は低く、優先順位が高くない可能性があります。

その場合、当社にもしもの事態が発生し、相手に緊急の対応を要請したとしても、積極的な協力は期待できません。

当社との取引金額や利益が小さい、また今後の取引においてもさほど改善の余地がないのであれば、自分の言動などにも日頃から注意を払い、不測の事態が発生したときでも協力が得られるような関係づくりをしておく必要があります。

（2）相手を知る

重要な交渉案件とか、大切にしたい取引先などの場合には、その担当者や意思決定者の情報収集をします。

まず「何の目的で、どのような情報を必要とするのか」を決めます。情報収集には、時間や手間、コストがかかるので、効果とコストや手間の比較検討をします。

交渉相手の情報として必要なものには、次のものが挙げられます。
・どういう人間なのか
　経歴、立場、権限、動機、性格、趣味など
・相手の現況
　時間的制約、企業風土、市場での競争力と立ち位置など

・相手の関心事
　興味をそそるもの、協力を得やすくするもの、行動を促すものなど

　ビジネス交渉において自分の不得手なタイプと合意を図りたい場合は、相手のタイプの特性を理解し、それに対応した話し方や説得をしないと、自分の望む交渉成果は得られません。

具体的な情報収集法

　相手のことをよく知っている自社の上司や先輩、相手企業の人、相手企業に出入りしている業者、同業他社の人、業界紙誌の記者やOB などから情報を集めます。
　Facebook や Twitter などの SNS や、相手企業のホームページ、および本人のブログなどもチェックします。
　さらに情報の価値が高い場合は、外部業者に有料で依頼するなど効果に見合うコストや手間をかけてでも収集することがあります。
　交渉相手は 1 人で生きているわけではありません。会社には上司や先輩、同僚もいるでしょうし、その中には恩人や頭の上がらない人がいるかもしれません。
　それらの情報を事前に収集できれば、相手を動かし協力してもらうためには、どうしたらいいかの戦略が立てられます。

（3）タイプ識別法

　人間には特定の性質や特徴を共有するタイプがあります。
　自分の話し方や説得方法が、ある人には受け入れてもらえたの

に、ある人には拒絶反応を示されてしまったという経験はありませんか？「馬が合う、合わない」「得手、不得手」という相性があるからです。そのため「下調べ」の段階で、相手のタイプを調べます。

バフィータイプ診断

交渉相手のタイプ識別法として「バフィー（Bafi）タイプ診断」があります。縦軸は相手の性格特性でビジネスライクか、ヒューマンライクか、横軸は相手の主張が強いか、弱いかというものです。

それにより４つの象限ができ、次のタイプの名称で呼ばれ、これらの頭文字から「バフィー（Bafi）」タイプ診断表と呼ばれています。

<バフィータイプ診断表>

ビジネスライク

主張が弱い	「アナリティカル」 理論派／計画的	「ブルドーザー」 行動派／断定的	主張が強い
	「フレンドリー」 協調派／安定的	「インチュアティブ」 直感派／外交的	

ヒューマンライク

各タイプの特性としては次のものが挙げられます。

１．ブルドーザー型（行動派／断定的）
　・せっかち、先に話し出す、攻撃的、言い切る

- ・現実的で行動的、感情の起伏が激しい
- ・仕事第一主義、仕事の結果を重視し効率的に進めようとする

2．アナリティカル型（理論派／計画的）
- ・礼儀正しい、おとなしい、内向的、無表情
- ・進め方の良し悪し、成功の可能性を慎重に考慮する
- ・急かされるのを嫌う、決断するまでの時間が必要

3．フレンドリー型（協調派／安定的）
- ・穏やか、誰からも好かれたい
- ・対人関係の対立を起こさないように努める
- ・仕事と人間関係のバランスを取る、多くの合意を得ようとする

4．インチュアティブ型（直感派／外交的）
- ・楽しい、明るい、お祭り屋さん
- ・達成主義、リスクを恐れない、競争心がある、血気盛ん
- ・他人に話を聞いてもらいたがる

タイプ診断による相性

この「バフィータイプ診断」は次のように活用します。
1．4象限の各タイプの特性を知る
2．自分のタイプを、診断表の該当象限にプロットする
3．相手の言動、しぐさ、表情などをよく観察し、相手のタイプを識別し、診断表の該当象限にプロットする
4．自分と相手のタイプのプロット位置を確認する

双方の接触する境界線が長いほど相性が良く、馬が合う関係になります。このタイプ同士であれば説得にそれほどの苦労はしません。

しかし、斜向かい同士のタイプ（ブルドーザー型 vs フレンドリ

一型、またはアナリティカル型 vs インチュアティブ型）は相性が悪い関係になります。

その場合、相手を説得するには、自分の特性を捨て、相手の特性に合わせることが重要です。

交渉相手のタイプを識別し、適切に対応することにより、良い交渉成果を生み出します。

ザイアンスの第2法則

米国の心理学者ロバート・ザイアンスは「接触回数が多いほど親しみを感じる」（単純接触効果）という「ザイアンスの第2法則」を提唱しました。

人間には防衛本能があるため、初対面の相手には自ずと警戒心を持ちますが、何度も会ううちに警戒心が薄れてきて、親しくなれる可能性が高まります。

そのため、相手との接触回数が多くなるように試みます。

〈取りつく島もない〉

アポイントの申し入れすら拒否する相手に対するアプローチ方法について、多くの人から相談を受けますが、次のようにアドバイスしています。

まずは、拒否が続いても落ち込まないことがポイントです。

気持ちが落ち込むと思考が停滞してしまい、次の「準備フェーズ」にすら踏み込めません。

ザイアンスの第2法則を信じて、何度も相手との面談の機会を窺います。

そして、相手が少しでも反応してくれたときは「ほんの少しの時

間でいいですから……」と、相手に心理的負担を感じさせないように心掛けながら、アプローチのきっかけをつかんでください。

（1）目標設定フェーズ

　交渉では、要求しなければ何も手に入りません。そこで、良い交渉成果を得るために勝ち取りたい「優先カード」や譲ってもいい「譲歩カード」（→「取引カード」p.38）の設定を行います。

　まず、優先カードを決めます。たとえば、価格や数量の獲得です。

　次に、譲歩カードを決めます。たとえば、納期、品質、仕様、契約期間、支払条件、次回取引の約束、紹介などです。

　そして自分にとって、コスト、手間の掛からない順番で譲歩順位を決めます。

　目標設定では、2人でも3人でもいいから、何人かの知恵を出し合うブレーンストーミング方式（→ p.61）によるプランニングを行ってください。

幅を持たせた目標設定

　交渉に臨む前に、今回の交渉で相手との交換が考えられる取引カードのすべてに「最高目標」「努力目標」「最低ライン」の3つの目標設定をします。

　「最高目標」とは自分にとって一番嬉しい結果のことです。目標設定でもっとも重要なのが最高目標の設定です。

　高い目標や大胆な目標を持って交渉に臨むことで、より多くの成果を得ることができます。

　「最低ライン」は目標というより、このライン以下（以上）であ

れば交渉を打ち切り、立ち去る境界線になります。

　交渉では、受け入れられない金額や条件が相手から提示されることがあります。最低ラインに達しない場合は、その場を立ち去る覚悟が必要になります。

　「努力目標」は、最高目標と最低ラインの間に設定する、自分が勝ち取りたい目標です。相手にも納得感や満足感のある合意にするための次善目標になります。

〈最高目標に挑戦〉

　まず「最高目標」を目指して交渉に臨み、これがダメだと認識したとき、はじめてそれ以下の「努力目標」などに切り替えます。

　優秀な交渉者は、目標が達成できたとしても、目標が低かったのではないかと考えます。低いハードルの目標を設定し、それを飛び越えたとしても満足感は低いものです。

　結果に満足することなく、まだまだ努力が足りない、もっと頑張れたのではないかと考えるようにしてください。

　最初から自分でノーを作らないことです。また、交渉を始めてからも簡単に無理だと諦めないようにしましょう。少なくとも3回は、手を変え品を変え、粘り強く交渉しましょう。

　「最高目標」を持って交渉に臨めば、少々譲歩したとしても、まずまずの成果を勝ち得ていることがよくあります。

信用度の範囲

　「信用度の範囲」とは、相手が「その価格や条件はあり得る」と思える範囲のことです。

　相手に提示する最初の要求は、できるだけ自分の成果が高いもの

にしますが、信用度の範囲を超えた提示は、その時点で相手の拒絶反応に遭い商談が壊れてしまう恐れがあります。

　逆に、遠慮した提示からはじまれば、合意したとしても自分の満足感が少ないので留意しましょう。

高望み

　交渉においては、高い目標を提示することに気後れしてはいけません。最初は自分の想定より高い目標を設定します。

　譲歩の余地が少ないと、相手が納得せず、論理合戦になりがちです。それでは双方が不愉快な気分になるとともに、なかなか合意ができません。

　まず高い要求を提示することは、双方が満足できる合意を可能にする秘めた手法です。

　相手も高い目標の提示を仕掛けてくることが想定されます。その場合も、相手と協議しながら合意ポイントを模索していきます。

　最初に高い目標の提示ができていれば、譲歩しながら相手の満足度を高めることができます。しかも、うまくいけば努力目標を上回る結果を得ることもあります。

　非現実的にならない範囲で、高望みして最大限の成果を目指しましょう。

〈はき違えた目標は高く〉

　以前、自宅のエクステリア工事をしたとき、2社の業者を選定し「消費税込みで100万円以内の見積書をください」と伝えました。数日後、両社から完成予想図と見積書の説明を受けました。

　A社の完成予想図は、こちらの希望をすべて具現化したもので、

見積金額も 80 万円弱でした。

　一方、B 社の完成予想図は 2 パターンありましたが、見積金額を見ると片方が 140 万円、もう片方が 200 万円でした。

　そこで B 社の営業マンに「100 万円以内の見積りをお願いしましたが……」というと、彼は「工事をやるのであれば、これくらいやらないと、やる意味がありません。予算が少ないなら、貯まってからやったほうがいいと思いますよ」と平然と言い放ちました。

　これは、顧客の要望や気持ちなどへの配慮が一切なく、自分の独善的な提案をゴリ押ししているだけの悪い事例です。

　結果は、A 社の見積内容をグレードアップし、A 社に 120 万円で発注しました。

ブレーンストーミングの活用

　ブレーンストーミングとは、米国のアレックス・F・オズボーン考案の小グループによるアイデア発想法の 1 つです。

　参加メンバー各々が自由奔放にアイデアを出し合い、互いの発想の異質さを利用して連想を行うことで、より多くのアイデアを生み出します。

　進行役が、メンバーから多くの自由な発言を引き出し、ホワイトボードに書き出します。それを見ながらメンバー全員でアイデアの修正、改善、発展、結合など、磨き直しや組み合わせをしながら決めていきます。

　「三人寄れば文殊の知恵」です。

　発言者にとっては些細なアイデアでも、他のメンバーにすばらしいアイデアをひらめかせるかもしれません。

　この手法は、広告業界でのアイデア出しの場面や、メーカーでの

新製品開発の場面などで多く活用されています。

　交渉を前にした目標設定では、ブレーンストーミングで意見が出尽くしたところで、今度はそのアイデアや意見を集約し、具体的な目標を完成させます。

　目標設定した「優先カード」（→「取引カード」p.38）の優先順位の高い順番に並べていきます。

　相手が「これ以上は無理です」と動かなくなったとき、今度は「譲歩カード」の譲歩順位の高い順番に１枚ずつ切り出せるように目標を設定していきます。

　「優先カード」と「譲歩カード」を組み合わせながら、相手との合意点を探ります。

（2）計画フェーズ

　「計画フェーズ」では、交渉に臨むに当たって、事前にさまざまな場面を検討しておきます。

　思いがけない展開になったとき、迷いや焦りで冷静さを失わないよう、あらゆるシーンに対する対応策を講じます。

事前調整

　「事前調整」とは、譲れない条件について、あらかじめ交渉の余地がないと相手に思いこませることです。相手に諦めさせることで、交渉を優位に進めることができます。

　しかし、面談時のその場で事前調整のコメントは、すぐに思いつきませんので、「他社も、価格の見直しをしてきています」「○○は

品不足で価格についてはどうしようもありません」などの文言を、あらかじめ用意しておきます。

　また、悪い知らせは最初に小さく伝え、少しずつ現実に近づけることで相手の反発を最小限にするとか、逆に、最初は大げさに伝えて、結果として、それほどでもなかったと相手をホッとさせることなども、事前調整のテクニックです。

〈バイヤーの決まり文句〉

　「予算がない」「経費節減の方針で……」「原価低減の指示が出ている」などはバイヤーの決まり文句です。これは相手に交渉させないために、事前調整を仕掛けているのです。

　しかし、そのコメントが必ずしも真実だとは限りません。そう言われたからといって諦めていたのでは、満足できる成果は得られません。

　予算がないと言われたときは、「今期の予算がないのか」「その予算は、あと、いくらあるのか」「いくらまでの金額なら可能なのか」などと深掘り質問（→ p.83）をすることによって、切り口が見えてきます。

バトナ

　「バトナ」（BATNA；Best Alternative to a Negotiated Agreement）とは、もっとも望ましい代替プランのことです。

　たとえば、A 社と交渉中でも「もし A 社がダメになった場合は、どうするか？」というような代替案を事前に考えておくことです。

　「バトナ」を持つことで、もし A 社と合意できないとしても、自分には代替案への移行が可能であるという安心感があります。また、

自信をもって交渉の場に臨めるので、相手に対して優位に立てます。

〈劣勢での交渉〉

　相手が代替のきかない「オンリーワン」の存在のとき、自分は弱い立場での交渉になります。相手は、自社以外の選択肢がないことを知っているので、最後まで強気の姿勢を崩さないからです。

　その関係から脱するには、相手がなぜオンリーワンの存在なのか、本当にそうなのか、自分がそう思い込んでいるだけではないのか、

　また、これから何年～何十年も相手がオンリーワンの存在でいいのか、などを冷静に検証して「バトナ（代替案）」を模索してください。

　たとえば、系列会社という理由で自社が弱い立場であれば、代替企業を探します。

　上長と相談して「系列以外のほうが有利ならば、取引先を変更しても構わない」との方針をもらえたとしたら、相手に「デメリットの強調」（→ p.35）を仕掛けることもできます。

　また、相手企業が特許を持っているという理由で自社が劣勢なのであれば、自社がほしいのは特許そのものなのか、それとも、その特許技術によって作り出される製品なのかを冷静に検討します。

　もし、製品がほしいのであれば、その機能を持った製品を作れる会社を探し出し、徐々に移行していくことも考えられます。

臨時計画・緊急時対策

　「臨時計画」とは、自社規定で本来なら断るはずの相手からの条件や要請に対応することです。規定以外はすべて断るのであれば、取引相手などの選択範囲を狭めてしまう可能性があります。

　そこで事前に方針を策定しておき、技術力などで代替がきかない

企業の場合は「今回に限り」「○○の技術を有する企業に限り」などの特例措置を認めておきます。

「緊急時対策」とは、不祥事や事故など「まさか」のときのための対策です。万一そういう事態が生じた場合は、できる限り上長が、誠意を持って迅速に対応し、原因究明を行います。

そして「二度とこのようなことが発生しないように万全の対策を取らせていただきます」などの対応表明も事前に策定しておきます。

〈話にならない〉

大手造船会社で調達先の新規開拓を担当する課長から、次のような話を聞きました。

造船業界は中国や韓国との価格競争が激烈なため、つねに技術力がありコストダウンが可能な新規調達先の開拓が使命になっているそうです。

そこで、規模は小さいが高い技術力のある国内の鉄工所に「当社と取引してほしい」と勧誘に行ったそうです。

鉄工所の社長も、かなり乗り気になってくれたのですが「支払条件はどうなりますか？」と聞かれ「月末締めで、全額60日サイトの手形支払いになります」と言ったとたん「ウチのような零細企業では、そんなに長く金が入ってこないのでは資金が回らない。何とかなりませんか？」と言われました。

しかし「会社の決まりですので、変えられません」と答えたところ「それでは話にならない。お帰りください」と断られたとのことでした。

これは自社規定を絶対視した硬直した考え方です。優秀な調達先を探し出すためには、臨時計画を立てておくことが必要になります。

契約において制約が多いと選択肢が少なくなり、新規開拓を難し

くしてしまいます。

交渉のシナリオづくり

　事前に交渉のシナリオを作り、ゴールまでの道筋をイメージしておくことで、交渉場面において主導権を握るとともに、臨機応変の対応を可能にします。

〈4分間のシナリオ〉

　米国の心理学者レナード・ズーニンは「物事をうまくこなせるかどうかは、最初の4分間で決まる」（ズーニンの初動4分間法則：実験結果）と言っています。

　そこで、交渉に臨むに当たっては、次のような最初の4分間のシナリオをつくりましょう。

1. 相手と顔を合わせたとき、3秒以内に自分から時候の挨拶をする。「今日は暑いですね」

2. 相手が返事をしたら、すぐに相手の興味がある世間話に切替える。「昨日のサッカー日本代表戦、すごかったですね。ご覧になりましたか？」

3. 相手に気持ちよく話してもらうため、相手の話に関心を持ち、適切な「相づち、うなづき、驚き」をしながら、ほほ笑みを持って傾聴（→ p.83）する

4. 世間話を切り上げるときは、自分から「楽しい話をありがとうございました」「勉強になりました」などとポジティブに話をまとめる

5. 間髪を入れずに自分から「それでは、本題に入らせていただきます」と主導権を取って本題に入る

6．早い段階で「先日の○○の件、本当に助かりました」などと
　コンプリメント（→ p.30）のコメントを言う

　最初の４分間をスムーズに進めることができれば、その後も自
然なかたちで、うまく交渉を進めることができます。

【事例3】 CAD製品販売の目標設定

　本件の担当者Wさんは、建設設備施工図面CADを扱うソフト会社で、セールスグループマネジャーを務めています。

　クライアントのF社は中堅ゼネコンで、交渉相手は新任設計部長のB部長です。B部長はどちらかというと慎重派で、自分が納得しない事柄には、なかなか首を縦に振らないタイプとのことです。

　F社の前任設計部長からは「3次元CADソフトは、すでに当業界では標準的なものになっている。そろそろ当社でも導入を検討しておきたいので提案してくれ」と言われていた矢先、前任部長が異動してしまいました。

　ただし、前任部長は次のような理由で、すぐの採用はためらっていました。

　1．時期尚早。
　　現在使用中の2次元CADでも、線や円で図面は描ける
　2．現状変更にアレルギー。
　　3次元CADは難しそうなどの理由で、現場は気乗り薄である
　3．3次元CADソフトは高価。
　　2次元CADは1本当たり10万円程度だが、3次元のソフトは
　　高いもので100万円、安くても60万円はする

　Wさんは、B部長に前任部長との交渉経緯を説明するとともに、改めて3次元CADソフトの提案を行いたいとのことでした。

《アドバイス》
　まず、B部長とは初対面なので、短時間で友好関係を築くためB

部長が「どういう人間なのか」「現況は？」「関心事は？」などを事前調査して、できる限り幅広く情報収集する（→「相手を知る」p.52）ことが重要です。

また、B部長の性格特性のタイプを調べ（→「バフィータイプ診断」p.54）、その特徴を知り、その対応法を検討しておきましょう。

想定されるタイプは、アナリティカル型、またはフレンドリー型です。

次に、今回の交渉で想定される取引カード（→ p.38）を選択し、「優先カード」や「譲歩カード」などのたたき台を作成します。

何人かのメンバーとブレーンストーミング（→ p.61）でプランニングを行い、それぞれの取引カードに「最高目標」「努力目標」「最低ライン」の3つの目標設定をします（→「幅を持たせた目標設定」p.58）。

さらに、最初の4分間のシナリオ（→ p.66）をつくり、世間話のテーマや本題に入ったときの「コンプリメント」（→ p.30）のコメントを用意します。

続けて、B部長から3次元CADソフトの新規導入に関する有効な情報を数多く聞き出しましょう（→「多くの質問を準備」p.82）。

1．（交渉経緯を説明する前に）前任部長からどの程度の引継ぎを受けているのか

2．3次元CADソフト導入に関するB部長の考えや導入見通し

3．新規導入の場合、B部長が重視することは何なのか。価格、品質、アフターサービスなど

4．どのようにすれば、あるいは、どのような条件なら導入が可能になるのか

そして、3次元CADソフトを推奨するときには、前任部長がた

めらっていた懸念事項を払拭する有効なコメントを用意しておきます。

　また、それらの説明に対するB部長の反応をしっかりと確認して、次回の商談に活かすようにしましょう。

（3）開始フェーズ

　開始フェーズでは、良好な人間関係をつくり相手の協力を得やすくする基盤を構築するために、社交的な会話で好意を示し合います。

　相手と短時間で親しくなる、あるいは好意を持ってもらうことは、その後の交渉の成果に大きな影響力があります。

　そのため、交渉で相手に与える第一印象は極めて重要になります。相手に与える自分の第一印象は最初の4分間で決まると言われています。

　第一印象には、顔を合わせてからの時間で決められる3段階の印象があります。

　　1．3秒で決められる見た目の「感覚的第一印象」

　　　一般的にいわれる第一印象のこと

　　2．90秒で決められる「感情的第一印象」

　　　何となく感じが良い・悪いという理由は分からないが、そう感じたという第一印象のこと

　　3．最初の4分間で決められる「理性的第一印象」

　　　こういう理由で、この会社（相手）は感じが良い・悪いという第一印象のこと。印象が固まりラベルが貼られる

　ここでは、相手に良い第一印象を持ってもらうための具体的手法を、対面からの時間にわけて、その方法や効用などの説明をします。

3秒　感覚的第一印象

　「感覚的第一印象」は相手と顔を合わせた最初の3秒で決められます。3秒以内に時候の挨拶などをすれば、すんなりと世間話に入ることができます。

　その他、穏やかな表情、フレンドリーな態度、身だしなみ、および明るい声などに留意することが重要です。

　自分が発注者の場合、相手が自社に訪ねてきます。訪ねてくるほうが緊張していますので、早く相手の緊張感を解く必要があります。

　しかし、多くの発注者は、ビジネスライクで無愛想に相手を迎えるため、来訪者の緊張感はなかなか解けません。これでは、相手が心を開きませんので、自発的な協力は期待薄です。

　逆に、笑顔や友好的な声かけで迎えれば、来訪者はホッとして安心し、緊張感もすぐ解けます。

　そして、他社の発注者と比較して、明らかに良い第一印象を持ってくれますので、その後の商談における協力が期待できます。

〈ほほ笑みを作る〉

　ほほ笑みは、相手に対して敵意を持っていないというメッセージになります。面談の場や相手を和ませることができ、交渉がうまくいく可能性を高めます。

　心からのほほ笑みを自然に作るためには、楽しい、嬉しい、すばらしいと思うことを心で感じ、心の中でそう叫ぶことです。

　まず面談場所に入ったら、その環境（建物、家具、置物、雰囲気など）で、すばらしいと思うものを見つけ、心からすばらしいと思いましょう。

　次に、相手と会ったときには、相手の表情、雰囲気、感じ、服装、

持ち物、髪型、メガネなどで、すばらしいと思うものを見つけ、心の中ですばらしいと叫んでください。

　どんな相手や環境でも、探せばすばらしいと思えるところが必ずあります。すばらしいと心から思えば、自然に心からのほほ笑みができます。

〈フランクさ〉

　交渉は、生真面目過ぎてもあまり良い成果を上げられないので、礼儀正しいフランクさが重要になります。

　ビジネスですから、あまりに馴れ馴れし過ぎるとか不真面目は禁物です。笑顔でフランクに相手に近づいていきましょう。

　そのためには、まず相手に会う期待感を高めることです。対面前に、ゆっくりと深呼吸して「心待ちしていた人に、これから会う」と心の中で強く思うことで、副交感神経が刺激されて、ほほ笑みが生まれ、リラックス状態が醸成されます。

　腹式呼吸で、３回大きく息を吸ったり吐いたりしてください。

・１回目に息を吐くときは黙って「３－３－３」と数える
・２回目に息を吐くときは黙って「２－２－２」と数える
・３回目に息を吐くときは黙って「１－１－１」と数える
・その後「私はすっかり落ち着いている」と心の中で念じる
　こうすることで、かなりの緊張感が解けフランクになれます。

90秒　感情的第一印象

　「感情的第一印象」は、相手と顔を合わせてから90秒で決められるので、笑顔でアイコンタクトを取り、誠実さや信頼感を与える聞き方や態度を心掛けます。

アイコンタクトは「私は、あなたに興味があります。あなたの話に興味があります」というメッセージになるので、特に重要です。

聞き方では、適切な「相づち、うなずき、驚き」を心掛けます。「はい」とか「ええ」とかの単調な相づちの繰り返しだけでは、相手も気分が乗りません。

相づちは、民謡の合いの手と同じですので、相手を大いに盛り上げるものにしましょう。

〈感嘆！相づち〉

相手の話を盛り上げるため、次の「感嘆！相づち」（神様ナイス）をお勧めします。

「か」：かっこいい　感動した　感激！

「み」：みごと　見習いたい

「さ」：さすが　賛成

「ま」：まさか！　参った

「ナ」：なるほど　ナイス

「イ」：いいね　粋だ

「ス」：すごい　素晴らしい

この「感嘆！相づち」は交渉に関わらず、コミュニケーションにおける潤滑油として人間関係づくりにも有効です。

〈ラ・ポール〉

「ラ・ポール」とは相互の深い信頼関係のことで、「ラ・ポール（双方の心の架け橋）が架かった」というような使い方をします。

人間は、共通点を発見すると相手に親近感と好意を持ちます。

有能な交渉者は、相手の顔を見るなり、いきなり取引の話を始め

るのではなく、まず親近感を構築するため、世間話の中で共通点を探します。

　共通点は、出身地、年代、出身校、子どもの有無・性別、子どもの年齢・学校、趣味・娯楽、スポーツの応援チームなどのつながりから見つけることができます。

　それらのつながりを見つけることができたら、一気に相手と親しくなれます。

〈親近感を得るミラーリング効果〉

　「ミラーリング効果」とは、相手のしぐさや言動などを真似することにより、無意識のうちに相手に親近感や好意を持ってもらうという心理的テクニックのことです。

　人間は、自分と似た人に対して好意を抱きやすいという心理があります（類似性の法則）。

　類似性には、しぐさや言動の他、言い回しや話すテンポ、声のトーンなども含まれます。できるだけ自然に、少し相手からテンポをずらして真似してみてください。

　たとえば、相手の身振り・手振りが大きければ、あなたも身振り・手振りを大きくしながら会話します。それにより相手との親近感が高まり、信頼関係が築きやすくなります。

4分 理性的第一印象

　「理性的第一印象」は、相手と顔を合わせてから最初の4分間で決められ、一度決められると容易には変えられなくなります。

　良い第一印象を持ってもらえれば、その後の商談もスムーズに進むことが期待できますが、悪い第一印象を持たれたら、それを元に

戻すのには、長い時間と大変な労力が必要になります。そのような愚かなことはビジネスですので絶対に避けたいところです。

　相手と対面した最初の4分間は、相手と自分の話す時間の構成比率を「相手80%、自分20%」にします。

　そうすることで、相手に好意を持ってもらえ、その後の商談で協力してくれる可能性が高まります。

　逆に、最初の4分間に自分が80%の割合で話したときは「よくしゃべる人だ。そんな話に興味はない」と相手に悪意を持たれてしまいます。

　話すことに自信を持っているセールスマンが犯しやすい過ちなので十分に注意しましょう。

〈一生懸命に聞く〉

　世間話をしても、相手が話に乗ってこないことがあります。その場合、まず話題にしたいこと（趣味、興味のあること）について、自分の話を「誘い水」にします。

　「私は野球が好きなのですが、○○さんは、野球にご興味はありますか？」と切り出します。相手が「まあ」とか「うん」とか肯定すれば「○○さんは、どのチームのファンですか？」とさらに話をしむけていきます。

　ここでのポイントは自分の話を長々と話さないことです。

　質問した話題に相手が興味を示さなかった場合は、すぐに別の話題にチェンジします。

　そのためには、話題を1つだけではなく、いくつも準備しておきましょう。または、相手から関心のある話題を聞き出すことも有効です。

　相手が興味を示したら、相手に80%の割合で話してもらい、自

分はその話に関心を持ち、適切な「相づち・うなづき・驚き」を入れながら一生懸命に聞くことが重要です。

〈ミー・トゥ・ウィー〉

　米国の心理学者バーバラ・フレデリクソンは「ポジティブな感情は、人との関係性に対する考え方も変えてくれます。「ミー（me）」ではなく「ウィー（we）」と考えるようになるのです」。

　さらに「ポジティブな感情は、人の行動制限のハードルを低くし、通常よりも思考や行動の幅を広げて物事を捉えようとさせてくれます」と説いています（『ポジティブな人だけがうまくいく3：1の法則』日本実業出版社）。

　米国のオバマ元大統領は「Yes! We Can」をキャッチフレーズとして大旋風を巻き起こし、大統領に当選しました。

　「私たちはできる。ともにやり遂げましょう」という連帯のメッセージを強く発したわけです。

　交渉の場で、双方が目的や課題、興味などを共有することで「ミー・トゥ・ウィー；me to we」（私から私たちへ）の結びつきが生じます。

　双方の間にラ・ポール（→ p.74）が形成され、相手は呼びかけられた行動に向かおうとする気持ちが強まります。

　この「ミー・トゥ・ウィー」の考え方は、交渉において相手の協力を得るために重要なものです。

　相手と顔を合わせてから4分間で、相手に当方の要望などを喜んで受け入れてくれるポジティブな感情をもってもらいましょう。

本題移行後

初対面から4分間で相手と良好な人間関係が構築できたら、す

かさず交渉の本題に移行しましょう。

　ただし、本題移行後、早く相手に好意を持ってもらうためには、なるべく早いタイミングで「コンプリメント」（→ p.30）を投げかけることが重要です。

〈コンプリメントが不可欠〉

　次の２つの事例のうち、相手が要望を受け入れやすいのは、どちらだと思いますか？

1. 「それを行うには、コストとしては○百万円、納期として最低○カ月は掛かりますので、ご理解ください」
2. 「○○様には、以前、○○の件でご配慮をいただき大変感謝していますので、この件では何とかお役に立ちたいと思い駆けつけました。

   ただ、それを行うには、コストとしては○百万円、納期として最低○カ月は掛かりますので、それはご理解ください」

　２のコメントが「コンプリメント」（→ p.30）を活用した手法になります。

　コンプリメントの言葉もなく、１のようにいきなり要望を突き付けられたのでは、相手はどうしても防御態勢になります。

　または「自分の勝手ばかりを言うな」と腹を立てるかもしれません。

　そこで、自分の要望を切り出す前に「コンプリメント」のコメントを言うことが不可欠になることを肝に銘じてください。

（4）確認フェーズ

　確認フェーズでは、自分が事前に収集した相手の情報などが正しいかどうかを確認し、交渉を進め合意を目指す上で前提となる、相手のニーズ、ウォンツ、本音などを把握します。
　そのためには、次のようなことに留意してください。
　　１．相手からの情報収集は「オープン質問」で行うこと
　　２．多くの質問を準備し、傾聴しながら「積極的なリスニング」
　　　（→ p.82）を行うこと
　　３．思い込みをしないで、わからないことは深掘り質問（→ p.83）
　　　をすること

　それによって、相手がどうすれば自分に協力してくれるかがわかります。さらにピンポイントで条件提示をすることも可能になり、合意が早くなります。

オープン質問とクローズド質問

　相手から情報を得やすくするために「5W2H」を活用した質問の仕方を「オープン質問」といいます。
　一方、相手がイエスかノーかでしか答えられないような質問や、決めつけたような質問の仕方を「クローズド質問」といいます。

〈合意までの道筋〉
　交渉を始めるとき、合意までの道筋を確認していないと、思わぬアクシデントに遭うことがあります。

それを防ぐためには、交渉相手に対して、次のような「オープン質問」をして、合意までの道筋を必ず確認しましょう。

・Who（誰が）：決定権者、影響力を及ぼす人
　「決定するには、○○様（交渉相手）の他に、どなたかの承認が必要になりますか？」

・When（いつ）：成約までの時間
　「決定までに、どのくらいの時間が必要ですか？」「予算や計画内容などは、いつごろ決まりますか？」

・Where（どこで）：決定機関
　「最終決済は、どういう形（機関など）で決められるのですか？」

・What（何を）：交渉案件、質問項目、議題
　「本日は、○○を決定するための会合ということでよろしいですか？」

・Why（なぜ）：要請事由、影響要因（障害など）
　「なぜ、そのような要請が出たのか、理由をお聞かせ願いますか？」「乗り越えなければならない障害は、どのようなものがありますか？」

・How to（どのように）：対策
　「どのように対処することが望ましいのか、教えていただけますか？」

・How much（いくらで）：予算、価格、費用
　「概算でけっこうですが、どのくらいの金額を想定されていますか？」

〈オープン質問とクローズド質問の使い方〉

　「オープン質問」は、面談の前半で、相手や相手の会社情報を収集するときに有効です。たとえば、次のような質問の仕方です。

自分：御社で近々イベントがあると聞いたのですが、<u>いつごろですか？</u>

相手：それが、来月の下旬なのだよ。

自分：あまり時間がありませんが、それを担当されるのは、<u>どこの部署ですか？</u>

相手：それが、ウチの部署も担当になっている。それでなくても忙しいのに、本当にまいったよ。

自分：それは大変ですね。もし、よろしければ、そのイベントの詳細をお聞かせ願えませんか？　じつは、弊社もイベント部署がありますので、何かお役に立てるかもしれません。

相手：それはありがたい。もし可能であれば手伝ってよ。

このように、オープン質問であれば、相手が自由に心情を話してくれるので、自分が把握していない相手の新情報を得ることができます。

　一方「クローズド質問」は、面談の終了時に、面談内容をまとめるときに有効です。相手がイエスかノーかでしか答えられない決めつけた質問になります。

　前記の「オープン質問」の例題で検証してみます（アンダーラインを引いた箇所を比較）。

自分：御社で、<u>来月イベントがある</u>とお聞きしましたが……？

相手：うん。

自分：<u>おたくの部署が担当する</u>のですよね？

相手：いや。ウチも担当するがメインは企画部だから、そこで聞いてよ。

最初に相手の情報を収集するときには「オープン質問」で、最後

に面談内容をまとめるときには「クローズド質問」ですることが、的確な質問法になります。

積極的なリスニング

「聞き上手」は、交渉力の強力なスキルで、交渉技術のレパートリーには欠かせません。

聞き上手になるために、次のことに留意してください。

1. 事前に多くの質問を準備する（→ p.82）
2. 適切な「相づち、うなずき、驚き」（→ p.74）を用いながら、相手に大いに話してもらう
3. 相手を認知、関心、肯定、称賛（→「コンプリメント」p.30）しながら聴く
4. 深掘り質問（→ p.83）で、課題やニーズなどを把握する

〈多くの質問を準備〉

相手のニーズ、ウォンツ、本音がつかめると、交渉がスムーズに進み、合意が早くなります。そのためには、多くの質問を準備することが重要です。

多くの質問を準備するメリットとして、次のことが挙げられます。

1. 相手の情報が得られる
2. 事前認識の正誤が確認できる
3. コミュニケーションが円滑になる
4. 相手の気持ちを誘導することができる
5. その後の戦略が立てやすくなる

そこで、多くの質問を準備し、面談をコントロールすることに留意しましょう。

また、質問内容以外の予期せぬ情報（聞いてもいないのに与えられる情報）に敏感であることも重要です。

　相手から進んで与えられる情報については、その話題に触れてもいいというメッセージだからです。

〈傾聴〉

　「傾聴」とは、相手の話に100％耳を傾けている状態をいいます。

　相手が言いたいことや相手が伝えたいことにポイントを置いて、相手を理解することが重要です。相手に関心を持ち、相手の話を一生懸命に聞くことで、相手のニーズや本音をつかむことができます。

　傾聴のポイントとして、次のことが挙げられます。

　１．的確な「相づち、うなずき、驚き」（→ p.74）を用いて聞く

　２．相手のキーワードを反復する（オウム返しテクニック）

　３．相手の話を要約して繰り返す（これもオウム返しテクニック）

　４．適切な質問を入れて相手の話を引き出す

　５．相手の話を遮らない、話の腰を折らない、批判しない、アドバイスをしない、意見を言わない

　相手が何を求めているのか、相手の真のニーズが理解できれば、的確な提案ができます。また、合意に導くための切り込むチャンスがわかります。

深掘り質問

　「深掘り質問」とは、文字どおり深く掘り下げる質問のことです。

　その質問手法の１つに「SPEL」があります。SPELとは次の各質問項目の頭文字を取ったものです。

・Situation Question（状況把握質問）：
　現状または従来の状況を把握するための質問
　「いまはどうしているのですか？」「従来はどうしていたのですか？」

・Problem Question（問題発見質問）：
　問題や課題がないかを聞き出す質問
　「問題や課題はありますか？」「問題や課題はありましたか？」

　ここまでは通常よく行われる質問ですが、相手のニーズなどが顕在化していない場合は「特にありません」という返答で、この話は終わってしまいます。そこで、潜在ニーズなどを顕在化する質問が必要になります。

・Expansion Question（拡大膨張質問）：
　潜在ニーズを顕在化させるための質問
　これには〈損失拡大質問〉と〈利益拡大質問〉の二通りの質問形式があります。

〈損失拡大質問〉：相手の損失要素を拡大膨張させて顕在化し、相手の行動を促す質問
　「このままですと、大変なことになりませんか？」

〈利益拡大質問〉：相手の利益要素を拡大膨張させて顕在化し、相手の行動を促す質問
　「これをすることで、御社にこのようなメリットが期待できると思われますが、いかがでしょうか？」

・Last-checked Question（最終確認質問）：
　最後に、言い忘れや聞き忘れを防ぐための質問
　「ほかに、何かご質問などはありませんか？」

相手が気づいていない潜在ニーズは多くあります。その潜在ニーズを顕在ニーズとして相手に気づかせることによって、意欲を高めたり、決意を促すなど相手を動かすことができます。

〈思い込み〉

ビジネス交渉の場合、よほど懇意になっていない限り、相手は警戒し、駆引きしてきます。

たとえば売買の場合、売り手は最初の提示金額に近いところで売りたいと思うのに対し、買い手は1円でも安く買いたいと考えます。

このような場合、こちらの質問に対し、相手は駆引きの気持ちから「一般論、省略、歪曲」などによる返答が多くなります。

- ・一般論：「普通はそうだよね」など
- ・省略：「なるほど」「わかった」など、他の言葉を省く
- ・歪曲：ほしくても「要らない」などと逆のことを言う

それらの返答を真に受け「そうなのか」とか「たぶん、こういうことだろう」などと、安易に思い込んではいけません。

思い込みに基づいた判断や提案は的外れのことが多く、提案が無駄になってしまいがちです。

相手の本心などがわからないときは、必ず「それは、私どもに○○することを希望されているという理解でよろしいでしょうか？」などの深掘り質問を行います。

質問をすれば答えてくれるので、相手の本音などが少しずつ明らかになってきます。

〈根掘り葉掘り〉

相手への遠慮や気後れがあるため深掘り質問をしない、あるいは

できないという人がいます。

「しつこいと思われるのではないか？」「そんなことまで聞くのか？」「相手が不機嫌になるのではないか？」と考えてしまい、当たり障りのない質問をして済ませてしまうのです。

ロールプレイ実習を行うと、多くの人が上辺だけの質問で終わらせています。

そこで「いまの相手の返答で、あなたが知りたかったことがわかりましたか？」と問いかけると、質問した本人が「そういえば、よくわからなかったです」と平然と答えることがよくあります。

これでは、何を知りたくてその質問をしたのかという目的が忘れられています。

相手の本音やニーズなどを聞き出すことが目的であったにもかかわらず、質問すること自体が目的になってしまったり、遠慮があったりして、相手の上辺だけの返答で終わらせてしまっているのです。

これでは相手の本音やニーズなどを知ることができません。

そして、一歩踏み込んだ提案ができないので、こちらの望む成果にもつながりません。

相手の本音やニーズなどを知るためには、根掘り葉掘り聞くことが不可欠です。

本音やニーズがわかれば、ピンポイントで相手にその対応策などを投げかけることができ、合意が容易になります。

【事例4】 苦手意識のある相手から協力を得る

　本件の担当者Xさんは、映像機器や事務機器などを製造する電気機器メーカーで、総務部CS（顧客満足）部門の主任を務めています。

　CS部門は、顧客や市場と関連部門のパイプ役を担い、情報の重要度や緊急度を関係者に理解してもらうなど、全体を調整するところです。

　今回の交渉相手は当社開発部門のC部長です。Xさんは以前、C部長にひどく叱責されたことがあり、それ以来、近寄りにくく苦手な人になっていました。

　ちょうどCSの課題で、社内各部署の調整をすることになりましたが、その参加メンバーの一人にC部長がいました。

　C部長はCS分野の知識にも長け、経験も豊富なので、XさんはC部長を説得することは無理だろうと悩んでいました。

《アドバイス》

　以前、C部長に叱責されたのは、あなたにC部長を説得しようという意識が強すぎて、相手の都合を聞かないで（→「傾聴」p.83）一方的に要望したことが原因だと思います。

　そのため相手に防衛本能や闘争本能が働き、敵対関係になってしまいました。

　叱責されたのはなぜなのかを考えてください。

　もしかしたらそのとき、C部長は忙しくしていたにもかかわらず、あなたがそれを察することもなく、勝手に要望を並べてしまったのではないか？

もしかしたら、事前に要望内容を整理していなかったため、だらだらと説明をしてしまったのではないか？　……など。

　C部長は同じ会社の人であり、敵ではありません。

　だから、味方になってもらわなければなりません（→「敵ではなくパートナー」p.18）。

　特に、C部長は知見があるとのことですから、味方にすれば、あなたは強力な武器を手に入れることになります。

　まずは「コンプリメント」（→ p.30）を活用し、自分にはないC部長の知見やパワーを、ぜひ貸してほしいと懇願してみましょう。

　そして、C部長から少々耳障りなことを言われても肯定的に受け止めながら「わが社のために……」を繰り返し、粘り強く相談することが重要です（→「ウォーム＆タフ」p.18）。

　C部長もCSの重要性は当然わかっていますので、口頭だけの正論で説得しようとするのではなく、CSの重要性をデータにまとめ、それを説明しながら、協力を仰ぐという姿勢が功を奏します。

　「案ずるより産むがやすし」ということわざもあります。

　一度だけの叱責でC部長は怖いという先入観を持たずに、懐に飛び込み素直に相談しましょう。

（5）移動フェーズ

　本書では双方が合意に向けて動くことを「移動」と表現しています。双方が知恵を出し合い、双方が納得や満足のできる合意点を探すために、交渉の詰めを行うのが「移動フェーズ」です。

　自分の成果が大きい「ウィン／パシブドウィン」（→ p.21）になるような、良い合意を目指すためには、次のような定石を実行することが重要になります。

1. 満足感や納得感のない提案や要望に対しては「ノー」と言うこと
2. 相手に対して譲歩する場合、譲歩量は徐々に減らすこと
3. 譲歩をするときは、ゆっくり動くこと
4. 譲歩のリスクヘッジをするため「イフ・ゼン型提案」をすること

ノーという技術

　交渉では「ノー」を言う理由があるのならば、双方ともにそれを言う権利があります。ただ、日本人は国民性から、ノーを言うのが嫌いで、相手からノーを言われるのはもっと嫌いです。

　ノーを言うことに気後れしたり罪悪感を持ってはいけません。その時点でノーを言わなかったことで相手に期待感を持たれるなど、あとで窮地に立たされることがないようにしましょう。

〈ノーと言われてから始まる〉

　ビジネスにおいて、相手の最初の反応は「ノー、無理、駄目、難

しい、厳しい」などのネガティブなものがほとんどです。

　ノーと言われた場合、まず相手の反応を肯定的に受け入れてください。「そうですよね。無理ですよね（難しいですよね）」。

　続けて「ただ、従来は無理と言われることが多かったのですが、最近では○○のメリットが高く評価されており、採用してくれる企業様が、かなり増えてきています」などと切り返します。

　相手から「それは無理」と言われたときに、あきらめるのではなく、これから交渉がはじまると思い、相手と粘り強く交渉してください（→「ウォーム＆タフ」p.18）。

譲歩のシナリオ

　交渉において自分が譲歩する場合は、「譲歩のシナリオ」にのっとって譲歩量を徐々に減らすことが重要です。

　着地点（ゴール）を想定し、そこに至る道標（マイルストーン）を置いていきます。

　その道標はスタート地点から着地点に近づくにつれ、徐々に距離を短く（譲歩量を少なく）していきます。そうすることにより、心理的に相手を着地点へ誘導することができます。

〈譲歩量は徐々に減らす〉

　相手から執拗な値下げ要請を受け、自分としては原価割れ寸前で合意したにもかかわらず、相手が満足してくれなかったという悔いの残る交渉の話を聞いたことがあります。

　そうなってしまったのは、譲歩の仕方に問題があったのです。値下げのとき、たとえば最初の値下額が 1,000 円、次も 1,000 円、さらに 1,000 円と同じ金額で下げていくとそうなります。

これは「バナナの叩き売り」といわれる手法です。

叩けば叩くほど値段が下がるため、相手はさんざん叩いたにもかかわらず、合意した後でも「もっと叩けば、さらに値段が下がったのでは？」という心理になってしまうのです。

相手が納得する譲歩の仕方は、たとえば、最初の値下額は1,000円、次の値下額は500円、さらに200円というように行います。

値下幅を1,000円⇒500円⇒200円と徐々に減らすことによって、相手は心理的に「あと値下げできるとしても、せいぜい100円か50円だろうから、ここらで手を打つか。今回の値下げ交渉は、十分に行った」となり、満足してくれる可能性が高くなります。

〈譲歩の余地〉

自分の要望を正直に提案しても、相手にも立場や主張があり、提案のままで合意してくれるとは限りません。

相手が「無理強いされているのではないか」「自分だけ損をするのではないか」と疑心暗鬼になるかもしれません。

そこで交渉では、譲歩してもいい譲歩の許容幅を持つことが重要になります。この許容幅のことを「譲歩の余地」と言います。

そのため、相手に譲っていい「譲歩カード」（→「取引カード」p.38）を1枚ずつ切り、そのたびに相手からの譲歩を得ていきます。それにより、自分の利益を積み重ねることができます。

また、取引カードの交換を粘り強く繰り返すことにより、双方が納得できる合意点に到達できます（→「積木方式」p.105）。

譲歩するときは、ゆっくり動く

相手に譲歩するときは、ゆっくりと動きましょう。相手は苦戦す

ればするほど、こちらの譲歩に価値があると感じます。

　日本人は外国人に比べ交渉に対して淡泊すぎるため、粘り強く交渉すれば得られたはずの成果まで手にしていないケースが多くあります。

　譲歩に時間をかけることで、少ない譲歩でも自分の得られる成果が大きくなるのです。

　譲歩する場面では小刻みにブレーキをかけながら、ゆっくりと粘り強く進むことが重要なポイントです。

〈許容範囲設定の危険性〉

　上司が「最大8％までは値引きしてもいい」と、値下げの最大値をメンバーに指示すると、ほとんどのメンバーが8％の値下げをしてしまいます。

　上司としては、8％を最低ラインとして指示したのですが、その指示はメンバーにとっては「最大許容範囲」（ここまでは譲歩しても許されるライン）として捉えてしまいます。

　バイヤーの場合も同じことが言えます。これが、許容範囲の限界を設定する危険性です。

　本来ならば、最低ラインにならないように、さまざまな努力をするはずですが、その努力がないと一気に限界点に達してしまいます。

〈少しだけの修正〉

　交渉の最終段階で、自分の要望する成果をもう少し獲得したいと思うのであれば、簡単に合意する必要はありません。選択は「オール・オア・ナッシング（受諾か拒否の二択）」ではありません。

　「ご提案いただいた内容は確かにメリットがあると思いますが、少しだけ修正させていただきたいのです。○○ということで、いか

がでしょうか？」と、提示された提案を肯定的に受け入れながらも「少しだけ修正させてください」と断り、自分の要望に近づけていくのが賢明なやり方です。

　大幅な修正でも、相手の気持ちや立場を気づかいながら「少しだけ修正させてください」と要請すれば、相手もそれほどの抵抗は示さないものです。

イフ・ゼン型提案

　「イフ・ゼン（if then）型提案」とは「もし〜であれば、その場合は〜になる（だろう）」という提案の仕方です。

　裏返せば「しかし、あなたがそうしないのであれば、私もその提案を取り下げます」という条件付きの提案テクニックです。

　条件を付けて駆引きするときは、仮定形で自分の条件を提案します。これは、自分の譲歩案だけを相手に取られないためのリスクヘッジになります。

〈譲歩のリスクヘッジ〉

　高度成長期に、筆者は賃貸ビルの外国人オーナーと家賃交渉をしていました。しかし、双方の提示金額に大きな隔たりがあり、まったく進展がありませんでした。

　そこで筆者が「○○万円であればお受けしてもいいです。それで手を打ちませんか？」と提案したのですが、オーナーは即座に拒否しました。その日はそれ以上の進展もなく終わりました。

　次の交渉のとき、オーナーは「この前、あなたは○○万円であれば受けると言ったが、いくら上積みしてきたのか、それを聞かせてもらおう」と切り出してきました。

筆者は驚いて「オーナーさんがそれで合意してくれるのなら、私もその金額でお受けしますと言ったのであり、それを拒否されたので、当然私の提案も白紙に戻っています」と主張しました。

　しかし「そうではない。あなたは○○万円なら受けると言ったのだから、今日は、その金額からの交渉開始だ」とオーナーは取り合いません。結局その日も物別れになってしまいました。

　自分から条件付きで提案する場合は、「あなたがそうしてくれるのであれば、私もそうさせてもらいます。

　そうでないならば、私も提案を取り下げます」と、必ず「イフ・ゼン型提案」を行うように心掛けてください。

アズ・イフ型質問

　「アズ・イフ（as if）型質問」とは「もし、あなたが私の立場なら～」などのように、自分と相手の立場を入れ替えることにより、相手が固執している思考枠を打ち破り、別の発想や感情を創造させるための質問です。

　相手が無理難題を押し付けてくる場合、相手は自分のことしか考えていないので、思考が極端に狭くなっています。

　そのときは、「アズ・イフ型質問」を投げかけて、逆の立場に気づかせることが解決の糸口として有効です。

　「お気持ちはわかります。ただ、もしあなたが私の立場ならば、その内容で上司を説得することができますか？　私には到底できません。

　ただし、○○をしていただけるのであれば上司を説得してみますが、いかがでしょうか？」などと、逆の立場で提案することにより、相手に再検討するように誘導することができます。

（6）合意フェーズ

　「合意フェーズ」はこれ以前の5つのフェーズにおける成果の総合評価になります。各フェーズでやるべきことを着実に実行していけば、良い成果に到達できます。

　合意フェーズでは、次のような心構えや流れを意識し、実行することが重要になります。

　1．売り手の場合は、きっちりと「クロージング」をかける
　2．優柔不断な相手には決断を促す一言をかけるなど、契約成立をためらわない
　3．交渉がうまくいかなかった場合は、原因を相手のせいにしないで自省する

クロージング

　営業活動において、セールストークは合格点でもクロージングができないと契約締結には至りません。

　クロージングは、次のことがポイントになります。
　・言うべきこと(確信)を
　・言うべき相手(決定権者)に
　・言うべきタイミングで行う

〈言うべきこと〉

　以前、ブックセールスをしていたとき、筆者はクロージングがうまくできませんでした。

　ある日、営業現場にマネジャーが付いてきて、セールストークの

チェックをしてくれました。その日も成約できなかった筆者にマネジャーは言いました。

「君のセールストークは非常にうまいよ。しかし、それでも売れないのは、自分の商品に確信を持っておらず、お客様に自信を持って商品を勧められないからだ。

儲けるという文字は『信じる者』と書く。自分の商品が信じられないのなら、君にとっても会社にとっても不幸なことだから、会社を辞めたほうがいい」

その言葉に衝撃を受けた筆者は、自分の商品に確信を得るために、その商品の良さを一生懸命に勉強しました。

「これほどの良い商品をお客様に持たせることができなければ、お客様に損をさせてしまうことになる」と心の底から思えるまでになりました。

それ以降は、自分の商品の特性や価値により、お客様に大きなメリットがあることを自信を持ってきっちりと伝え、クロージングを掛けられるようになり、成約数も急上昇していきました。

〈言うべき相手〉

「言うべき相手」とは、ずばり決定権を持っている人のことです。

ブックセールスをやり始めたころ、筆者は平日の昼間に戸別訪問してドアノックをしていました。当時の平日昼間は、旦那さんは仕事に出かけて留守なので、たいてい奥さんを相手にセールストークをしていました。

セールストークが功を奏した場合、奥さんから「良い商品ね。買いたいと思うけど、夫に相談しなければいけないわね。今夜7時頃には帰ってくるから、もう一度来てくれる？」と言われます。

喜んでその時間に再度訪問すると、玄関先で奥さんから「夫に相

談したのだけど、ダメだと言われたの。ごめんなさいね」と断られるケースがほとんどでした。

　せっかく昼間に1時間かけて商品の特性や価値を説明して、やっと奥さんの内諾を得たのに、奥さんが旦那さんに説明する時間はわずか数分でしょう。それではダメになるのがあたりまえです。

　それがわかってから、平日の昼間は夜のアポイントを取るだけにして、セールストークをするのは、必ず決定権を持っている人がいるときに変えたことにより、着実に成約できるようになりました。

〈言うべきタイミング〉

　クロージングは、言うべきタイミングが重要です。

　相手が聞く耳を持っていないときに、いくらクロージングを掛けても、まったく効果がなく断わられてしまいます。

　言うべきタイミングをつかむためには、相手の話を傾聴（→ p.83）していなければなりません。チャンスは予期せぬときに訪れます。

　「値段は高いけれど、品質は良いね」などと相手がボソッと言ってくれることがあります。

　そのときに「ありがとうございます。○○様からそう言っていただくと大変嬉しいです。私どもでは、特に品質については自信があります。

　ぜひ、今回の案件は、私どもの商品をご採用願います。私も全力で頑張ります」と切り込みましょう。

　相手がこちらのことを褒めたり、配慮してくれたときが切り込むチャンスです。

契約成立をためらわない

　クロージングの場面では、契約を成立させることをためらわないことが重要です。何も悩むことはありません。取引条件を再度確認し「これでよろしいですね」と聞けばいいのです。

　もし、この段階で相手がノーを言うようなことがあれば、その場は説得を続けますが、商談が終わった後で、かならず自省してください。

　「合意フェーズ」の段階でノーを言われたのは、その前の５つのフェーズで何か不備があったからです。

〈明日決められるはずがない〉

　交渉ごとは、ここが決めどころと思ったら「それでは、そういうことでよろしくお願いします」と自分でクロージングを掛ければ、それで決まります。

　しかし、相手が優柔不断な性格の場合、合意に達したと思ってクロージングを掛けると、相手は「うーん……」と腕組みしながら後方にのけ反ります。

　そこで「まだ、何か問題がありますか？」と聞くと「いや、特に問題はないのだけれど……」と言います。

　このタイプの人はその後、沈黙が続き「もう少し考えさせてほしい」と言って結論を先延ばしにし、結局「今回は見送る」と断りがちです。

　なぜなら、今日決められない人が、明日決められるはずがないからです。

　その場合は、決断を促すための一言が必要になります。

　「大丈夫です」「うまくいきます」「私も精一杯、頑張らせていた

だきます」「やりましょう」などの言葉で、相手の背中を押してあげてください。

〈他人を動かす〉

他人を動かすには、次のことが効果的といわれます。

1. 損得：人は利害で動くことが多いため、損得を提示することが他人を動かす最も強力な方法になる
2. コンプリメント（→ p.30）：相手から称賛されたり、感謝されたあとにお願いされると、むげに断ることができない
3. 特定・希少性：「あなたしかいません」などと特定されてお願いされると、自尊心がくすぐられて容易には断れない
4. 相手が協力できる環境づくり：相手の心理的抵抗を取り払うため、当方も協力して決済者を説得すると進言するなど、相手が当方に協力できる環境をつくる
5. 選択肢の提示：1つの提案だけではなく2つ以上の選択肢を提示（→「2つ以上の提案」p.159）することにより、相手の決断を容易にする

交渉後の自省

交渉終了後には、「うまくいった」「うまくいかなかった」の結果が出ます。

今回の成果を次の交渉に活かすため、交渉後にはかならず自省する習慣をつけてください。

特に、うまくいかなかった場合は、なぜうまくいかなかったかという原因を自省し次回に備えます。どこかに漏れがあれば、それが原因でうまくいかなかった可能性が多分にあります。

一方、うまくいったとしても、どこをどうすればもっとスムーズにできたのかという観点で自省してください。

　交渉の結果に一喜一憂するのではなく、なぜそうなったかの原因に気づくことが重要です。気づけば改善は容易ですし、次の交渉に活かすことができます。

【事例5】 相互協力でソフト・ランディング

　本件の担当者Yさんは、通信システム分野を専門とする多国籍企業で、調達グループのマネジャーを務めています。

　取引先のG社は、新開発製品である通信システムに必要なアセンブリー製品のサプライヤーとして、1年半前から取引を開始しています。交渉相手はG社のD営業部長です。

　新規通信システムの製造を開始してから1年が経過しましたが、営業成績は予想を大幅に下回る惨憺たる結果でした。

　同事業を続行することは、かえって多くの協力会社に迷惑をかけることになるとの判断で、役員会議において同事業の中止が決定されました。

　Yさんの調達グループはその旨を協力会社に伝え、同事業をできるだけ速やかにソフト・ランディングさせる役割を担うことになりました。

　特に、G社に対しては半年前に、1年契約を3年契約に延長したばかりですが、残り2年間の契約を解除しなければなりません。

≪アドバイス≫

　契約期間の途中における解約および解除は、交渉においても難易度が高く、かつ重要な課題の1つになります。

　本件をスムーズに実行に移し、ソフト・ランディングさせるには、次の3つのポイントに留意することが必要です。

　1．相手企業との今後の展望：今回の事業は取り止めることになるが、今後、別の事業で相手企業との取引が考えられるのであれば、そのことを早い時点で伝える

2. 誠実に対応：自社の都合であることを前提に、頭を低くして相談する。

　　契約を解除せざるを得なくなった実状を正直に、ていねいに説明し、相手が怒りを見せた場合は同調し、自分も断腸の思いであることを伝え謝罪する（→「同意しなくても同調する」p.153）。

　　また、契約解除に伴い、相手企業の損失や状況を聞き取った上で「実損については補償を約束する」など、事後処理について誠意を見せる（→「アクティブ対応」p.159）

3. 相手の担当者を敵にしない：G社のキーマンはD部長であり、同氏のサポートなしには、本件をスムーズにソフト・ランディングさせることはできない。

　　そこでD部長の理解を得た上で「ぜひ、部長のお力を貸してください」と協力を懇願する

　この交渉が失敗すれば、両社の関係はギクシャクしたものとなり、また、高い代償を支払わされることにもなりかねません。

　まして、自社が大手企業とか有名企業である場合、スキャンダルになることは絶対に避けなければなりません。

　そのことを肝に銘じ、速やかに慎重に実行に移しましょう。

第4章
7つの
交渉タクティクス

　本書では、幅広く交渉タクティクス（戦術）を習得してもらうため、ビジネス心理学を応用した「16の中心戦術」と「12の補助戦術」の総数28のタクティクスを取り上げています。

　それらの中から自分が得意技にしたいタクティクスを最低7つピックアップして自由自在に使えるようにすれば、あなたの交渉力は確実にパワーアップします。

　これらのタクティクスは、グローバルビジネスの現場でよく使われており、相手に与えるインパクトの高いものばかりです。

　交渉にも「13回の法則」というのがあります。自由自在に使いこなせるようになるには、一つひとつのタクティクスを意図的に13回試してください。そうすれば、必ず身につきます。

（1）使えるタクティクス

　交渉で使うタクティクスとトリック（計略）は諸刃の剣です。正当なタクティクスと、ずるいトリックは紙一重で、区別がつかない場合も多いのです。

　タクティクスとは、相手との人間関係を壊すことなく、自分の交渉上の立場を優位にするための交渉手法のことです。

①棚上げ

　「棚上げ」とは、相手の話を後回しにするタクティクスです。

　交渉は、相手の事情や理由を聞かされると発言がしづらくなり不利になってしまいます。

　相手に先手を取られた場合は「その件は後にさせていただいて、その前に○○の件を相談させてください」と切り返し、相手の話を後回しにして、自分の話を先に始めます。

　多くの交渉項目は、価格、数量、納期、契約条件のように論理による説得になりますので、先手を取ることが必勝につながります。

　時候の挨拶をしている場合でも、つねに集中力を保ち、先手を取るタイミングを計りますが、もし相手に先手を取られたときには、棚上げした後、次のように話を続けましょう。

　「じつは、価格の件ですが、持ち帰って上司に報告したところ、○○という事情がありまして、先日提案した価格では、どうしても決めることができなくなりました。申し訳ありませんが、本日改め

てご相談させていただきたいと思います」

②第三者の権限

　「第三者の権限」とは、その場にいない上司などの権限に振ることで、迫られた決断から逃げるためのタクティクスです。

　第三者の権限を持ち出し、自分の権限ではどうにもならないと訴えることで、相手との個人的関係をこじらすことなく、理解を求めることができます。

　第三者とは、人物でなくても、役員会議や自社における不測の事態なども含まれます。

　「貴社の提案を社内で説明したのですが、強硬に反対する役員がいまして、どうしても承認が得られません」（役員の権限）

　逆に、相手に厳しい要求をせざるを得ないときにも活用できます。

　「○○の事情により、先日の役員会議で取引先各位に一律○％のコストダウンの協力要請が決定されました。申し訳ありませんが、ご協力をお願いいたします」（役員会議の決定）

　このタクティクスを使用する場合、第三者は直属の上司など身近な人を選ばないことがポイントです。相手が、上司と直接交渉すると言い出す可能性があるためです。

　そこで第三者は、かなり上位の役員とか外国本社など、相手から見て遠い存在にします。正体がわかりにくいものであればあるほど有効になります。

③積木方式

　「積木方式」とは、相手に譲歩する場合、段階的に提供していく

タクティクスのことです。

　相手にとって魅力的な提案ができるのであれば、それを一気に提示してしまうのは賢明なやり方ではありません。

　相手に譲歩してもいいカード（→「譲歩カード」p.38）を、一度にすべて出してしまっても、相手が納得してくれなければ、次の打つ手がなくなってしまいます。

　こちらが一つ譲るたびに「その代わり、○○（自分の優先カード）については、これでお願いします」と譲歩の交換を要求します。

　しかし、譲歩カードを切ったにもかかわらず、まだ自分の目標に達しない場合は、次のカードを切りながら、相手のさらなる譲歩を要請していきます（→「譲歩の余地」p.91）。

　相手が自分の目標まで譲ってくれたときは、事前に用意した他の譲歩カードを切らずに済みます。

　譲歩カードを検討するのは、自分の要望する優先カードを得るためであり、相手にタダで与えるために「取引カード」（→ p.38）を用意したのではありません。

　譲歩カードは一枚ずつ大切に切り出し、そのたびに相手の最大限の譲歩を引き出していけば、自分の利益を積み重ねることができます。

④負担の委譲

　「負担の委譲」とは、自分が何かを引き受ける場合、相手にも何かを要請して負担を分担するタクティクスのことです。

　全部の荷を一人で担ぐ必要はありません。「弊社では○○をさせていただきますので、その代わり、御社では○○をしていただけますか？」などと、相手に率直に要請します。

相手の要請内容が、即座に拒否するほどではないとしても、自分としてはすんなりと受け入れづらいものであった場合は「それは正直、厳しいですね」と言わなければなりません。

しかし、一呼吸置いたあとで「たとえば、○○をしていただけませんか？　それであれば、上司を説得してみます」などと相手にも何かを要請することです。

相手にもアイデアや提案などを出してもらうと、自分の負担が軽くなります。

⑤ラスト・チャンス

「ラスト・チャンス」とは「残りわずか、本日限り、これで最後」などのコメントで、相手を心理的に追い込むトリックのことです。

「午後3時までにお返事ください。そのあと、この件に大変興味を持たれている別の人が来ますので、そこで決まってしまう公算が高いからです」というように使用します。

このトリックに引っかからないようにしようと思っていても、交渉の場で直撃されると、必要以上に焦ってしまうものです。

交渉では、よく「ラスト・チャンス」が仕掛けられます。そこで、本当にラスト・チャンスなのかどうかを見極める必要があります。

少し冷静に考える時間を取り、考えても判断がつかないときは、断ったほうが無難です。その状態で決めてしまうと後悔することが多いからです。

交渉では肚をくくらなければいけない局面があります。「乗り遅れても次のバスは来る、必ずチャンスはまた回って来る」と覚悟を決めましょう。

⑥塵も積もれば

「塵も積もれば」とは、はじめは相手が承諾しやすい条件を出して小さいイエスを取り、徐々に大きなイエスに結び付けていくというタクティクスです。

街頭で「簡単なアンケートですので、ご協力お願いします」と声を掛けられ、気軽に応じたところ「アンケート用紙に記入するため、こちらに来てください」とビルの中に誘導されます。

この段階だとまだ断れますが、ビルに入ってしまうと二度承諾したことになり、引き返せなくなります。そのあと、いつの間にか商品を売りつけられてしまいます。

これは、一度決めた行動や発言、信念などを貫き通したいという人間の心理（一貫性の原理）を巧みに利用し、そのあとの提案を断りづらくさせているのです。

⑦サラミ・スライス

「サラミ・スライス」とは、次のように活用されています。

1. 売り手と買い手の攻防

   売り手の場合は、自分の提案（見積りなど）を、なるべく「一式いくら」として議論するように誘導すると有利になる。

   一方、買い手の場合は、相手の提案内容を、なるべく部分ごとに検討するほうが得であることは言うまでもない。

2. 粘り強い交渉手法

   最初から「このサラミ・ソーセージを1本丸ごと差し上げることができます」と交渉テーブルに乗せるのではなく、細かくスライスした数枚のサラミから交渉を始め、徐々に枚数を

増やしながら、粘り強く自分の要望内容を獲得していく。

3. 既成事実の積み重ね

サラミ・ソーセージを1本丸ごと盗んだ場合、すぐに発覚するが、サラミを細かくスライスして、少しずつ盗んでいけば発覚しにくい。

相手に気づかれないように、すこしずつ、自分の都合のいいように変更し、既成事実を積み重ねていけば、最終的には自分に有利な状態を作ることができる。

⑧沈黙は金

「沈黙は金」とは、沈黙することで相手を不安な心理に追い込み、要求しなくても相手から譲歩条件を引き出すためのタクティクスです。

〈蟻地獄〉

以前、筆者が自宅を新築した際、砂利業者さんが訪ねてきて「建物の周りに砂利を5センチの厚さで敷かないと雑草が生えてしまいますよ。その作業を35,000円でやりますがどうですか」と提案してきました。

そこで、筆者は腕組みをして「う～ん」と唸りました。

すると彼は「わかりました。では、踏み石を付けましょう」と言うので、再度「う～ん」と唸ると、彼は「わかりました。小石を何個か持っているので、小さい花壇を作ります」と提案しました。

さらに、筆者が「う～ん」と唸ると、彼は「わかりました。それなら25,000円にします」と言うので「わかった。踏み石を付けて、花壇を作り、それで25,000円ということならば頼むよ」と承諾し

ました。

　作業中、彼は「踏み石だって DIY で買えば数千円します。それに花壇まで作って 25,000 円でやる業者なんて日本中探しても、どこにもいませんよ」と、ぼやき続けました。

　しかし筆者は唸っていただけで、何も要求していません。それにも関わらず、彼が勝手に不安がり、蟻地獄に陥って自分でどんどん譲歩案を提示した結果、そのような合意になってしまったのです。

⑨しっぺ返し

　「しっぺ返し」とは、相手が悪意を持って仕掛けてきたことには、必ず仕返しをするというタクティクスです。

　ビジネスにおいても、相手がウソをつくなど裏切った場合には、また同じことを仕掛けてくる可能性が高くなるので、泣き寝入りをせず、必ずしっぺ返しをすることが肝要です。

　ゲーム理論で「赤と青」という協力ゲームがあります。このゲームの極意が「しっぺ返し」タクティクスです。

　まず相手を信用して協力する行動をとり、相手が悪意を仕掛けてこない限り協力体制を持ち続けますが、相手が裏切ったときには、即座に「しっぺ返し」をして協力体制を止めます。

　その後、裏切った相手が心を入れ替えて協力してきたときには、こちらも即座に信頼関係を復活させ、協力体制を取ります。

　「しっぺ返し」はシンプルな戦略なので、相手はすぐその行動様式に気づき、協力体制を構築してくれるので、ゲームにおいても、もっとも高い点数を上げることができるのです。

⑩万力

「万力」とは「そこを何とか」というセリフで相手に懇願し、譲歩を求めるタクティクスです。

これは万国共通で、相手から懇願されると少しは考えなければいけないと思う人間の心理を利用したものです。

よく使われるタクティクスですから、いままで相手から使われたことがあるし、自分も無意識に使ったことがあると思います。

日本人は、早く合意して楽になりたいという気持ちが強いため、交渉中すぐに「万力」を使いたがりますが、あまり早い段階で「そこを何とか」と言っても、相手から「こちらこそ、そこを何とか」と切り返されると、まったく効果がなくなってしまいます。

「万力」は、打つ手はすべて打ったが、まだ双方の要求の間に隔たりがあり合意できないときに使います。

ちなみに、「万力」という名称は自分の要求から逃げられないように相手の手を押さえつけるところことからきています。

（2）気をつけたいトリック

トリックを使った悪意のある手法は、長期的な交渉では逆効果になってしまうので、慎重に扱ってください。相手がトリックを使ってきた場合は、しっかりと見抜いて騙されないようにしましょう。

⑪刑事コロンボ

「刑事コロンボ」とは、難しい交渉が終わりホッと安心した相手

に対して、帰り際の「最後の一言」で追加要求などを持ち出すトリックのことです。

名称の由来は、米国の人気刑事番組「刑事コロンボ」です。

犯人である決定的な事実を自白させるために、刑事コロンボがよく使った「最後の一言」で犯人を落とす手法は、交渉においても有効です。

犯人の尋問が終わり「どうも、お邪魔しました」とコロンボが出ていき、ドアが閉まった瞬間、犯人は「やれやれ、騙し通すことができた」と、ホッと気を緩めソファーに座り込みます。

その瞬間ドアが開き、顔だけ出したコロンボが「最後に一つだけ。あのとき、赤いネッカチーフをしていましたね」と質問します。

すっかり油断していた犯人は思わず「はい」と返答し「あっ！いけない」と気づくのですが手遅れです。その赤いネッカチーフが、犯人の決め手だったのです。

このトリックに引っ掛からないためには、最後まで気を緩めないことです。

外国人とのミーティングが終わり、別れ際に相手が「言い忘れていましたが○○の件も」と言い出した瞬間に「またまた、この〜」と笑いながら肘鉄でも食らわせるジェスチャーでもすれば、相手はそのトリックが無駄とわかり「冗談だよ」と笑いながら退散することでしょう。

⑫耳にたこ

「耳にたこ」とは、傷が付いたレコードのように、あえて同じことを繰り返し言うトリックのことです。

相手から厳しい要求があったとき「この前も△△の件で、かなり

厳しい要求をもらいましたよね。あのときは本当に大変でした。

でも、何とか上司に了解を取りつけて、大事にならずにすみました。だから、今回はご容赦願います」と要請します。

相手の要求を取り下げさせるために、説得力のある説明、またはいままでの交渉時に生じた貸しなどがあるならば、遠慮せず繰り返し使います。

そのコメントで相手が黙ってしまったのなら、それが有効だったわけです。

しかし、同じ要求を繰り返し言ってくることがあります。その場合も遠慮せず、効果があったコメントを繰り返しましょう。

日本人は遠慮がちな人が多いため、一度言ったことを何度も言うのは、くどいのではとか厚かましいのではと考えてしまいます。

しかし、相手が厳しい要求を繰り返し使ってくるのなら、こちらも「耳にたこ」を使わない手はないのです。

⑬煙に巻く

「煙に巻く」とは、言葉に窮したとき、とぼけたり、見当違いのことを言って、こちらの態勢が整うまでの時間稼ぎをするトリックのことです。

交渉中、情報や理解不足などで言葉に窮してしまうことがあります。そんなとき「煙に巻く」トリックを次のように活用します。

　1. とぼける

　　　相手から「前任者との約束では、こうなっていた」と言われたとき「え～？！弊社の規則では、そんなお約束はできません。それは、○○が前提ならば△△はできると言ったとしか考えられません」などと、とぼける。

2. はぐらかす

   自分に不利な質問に対しては論点を外して答える。

   政治家の答弁でよく見かけるが、まともに答えると不利になるとか、揚げ足を取られる恐れがある場合「全身全霊で努力してまいります」などとはぐらかし、まともには答えない。

3. 英略語を発する

   返事に窮したとき「TNPか?」などと、相手にとって意味不明な英略語を独り言のように発すると「それは何だ?」と相手を一瞬、惑わせることができる。

   その間を利用して「ところで、あの件はどうなりましたか」などと話題を変え、自分の平常心を取り戻す時間をかせぐ。

⑭ねずみかじり

「ねずみかじり」とは「いいね。ぜひやろうよ」などと興味を示しながらも、相手に言質を与えないで長期間引っ張り、最後の最後に、大幅な条件変更を持ち出して、やむなく相手に受け入れさせることを狙ったトリックです。

営業のKさんが、口頭で約束した契約開始日が迫って来たので相手に連絡を入れたところ「じつは本部長から、△△会社とも比較検討をするようにと指示されたので、御社に発注できるかどうかもわからなくなった」との返答を受けました。

契約が決まったものと、すっかり安心しきっていたKさんは慌ててしまい「いまさら、そう言われても困ります。何とかしてほしい」と懇願したところ、相手から大幅な条件変更を持ち出され、この条件を受け入れてもらえるなら必ず契約すると言われました。

Kさんは上司や会社に対して、いまさら契約できなくなったとは

言いにくいので、相手の条件をほとんど受け入れざるを得なくなったとのことです。

　このトリックに引っかからないためには、口約束を確約だと思わないことがポイントです。

　話が煮詰まってきたときには必ず「確認書」などで何らかの証拠をもらい、契約を確定させることが不可欠です。

⑮シベリア転勤

　「シベリア転勤」とは、相手が「それは勘弁してほしい」と思うような最悪の要求をいきなり投げつけ、その後少し譲歩した案を提示することで、相手の合意を得ようとするトリックのことです。

　どんなに悪いことでも、最悪の結果と比較すれば魅力的に見えてしまうものです。

　また、最初に最悪の究極案を２つ提示し「どちらにするか？」と迫り、相手にやむなく、まだマシなほうを選ばせようとするものもあります（究極の選択肢テクニック）。

　「私の言った方法でやるか、それとも諦めるか」「あなたが助かる方法はたった一つしかない。その他の方法は、すべてあなたが損をするものだ」などと威嚇する手法です。

　このような提示を受けた場合は、性急にその場で決断することは止めるほうが無難です。

　「少し考えさせてください」「相談したい人がいますので、しばらくの猶予をください」などと断って、その日の面談は打ち切りましょう。

　ビジネスにおける選択では、白か黒だけではなく、グレーの部分のものがほとんどです。そのグレーゾーンの中で選ぶほうが、間違

いは少ないものです。

⑯針のむしろ

「針のむしろ」とは、恫喝することなどにより、相手に仕方なく理不尽な要求を受け入れさせることを狙ったトリックのことです。

恫喝、罵声、逆切れ、イラついた態度や口調は、相手に恐怖心を抱かせる目的で、意図的に行われている可能性があります。

特に、優越的な立場にいて威嚇しか交渉の仕方を知らない人とか、気の小さい人が使うことがあります。

「針のむしろ」にひっかからないようにするためには、相手の恫喝に萎縮しないようにしましょう。萎縮すると相手の思う壺で、さらに脅しをかけられてしまいます。

恫喝されたときは、目線を合わせず、顔色を変えずに黙って聞き過ごします。

相手が少し落ち着いてきたら「本日は、○○様のお役に立てる話を持ってきましたので、その話をさせていただきたいのですが……」などのコメントを投げかけて、正常な状態に戻しましょう。

しかし、どうしても手に負えない相手と判断した場合は、自分だけで抱え込んで悩まずに、上司などと相談し、担当者を替えるなど組織としての対策を立てる必要があります。

【事例6】 交渉戦術の組み合わせで動かす

　本件の担当者Zさんは、創業100年超の国内時計メーカーの本社購買部に所属し、営業部やマーケティング部などから依頼される大口制作物の発注を担当しています。

　取引先のH印刷は、精密機械業界の印刷物を多く扱っている中堅印刷会社で、Zさんの会社でも重宝してきました。

　交渉相手は、H印刷営業部のE主任です。販売代理店に配布する前回のカレンダー発注時には、価格面でかなり無理を聞いてもらいました。

　今回も来年のカレンダーをH印刷に発注し、制作作業に入って1カ月が経ったころ、マーケティング部から仕様変更と、それに伴う次のような要請が入りました。

　　＜変更理由＞役員会議で、来年発売の新製品Bを大々的に売り
　　　　出す方針が打ち出された。その一環として、カレンダーの絵
　　　　柄も変更する
　　＜優先1＞　納期：カレンダーという特性から、本年12月中
　　　　旬までに各販売代理店に届かないと大問題になってしまうの
　　　　で、当初の予定どおりの期日に納品してもらいたい
　　＜優先2＞　価格：予算が少ないため、できる限り追加費用を
　　　　抑えたい

《アドバイス》
　H印刷のE主任に至急連絡を入れ、カレンダー作業の変更について相談してください。
　納期については、まず予定どおりの納品日を要請します。ただし、

1週間程度の延期なら何とかなるので、予定どおりが無理ということならば1週間程度の延期は承諾しましょう。

しかし相手が「1週間の延期でも無理」と難色を示したときは「役員会議の決定事項なので、何とかご協力願いたい」と「第三者の権限」（→ p.105）を活用して要請しましょう。

1週間を超える延期が必要だと言う場合は、分割納品や納品条件（納品場所、納品形態など）などの「譲歩カード」（→ p.38）を切りながら、本年12月中旬までには各販売代理店にカレンダーが納品されることを厳守してください。（→「負担の委譲」p.106）。

価格については、予算がないことをE主任に伝え、できる限り追加費用がかからないように交渉します。

相手が先に価格の話を始めたときは「その件は、ちょっと後にさせていただいて……」と「棚上げ」テクニック（→ p.104）を活用して、こちらの要件を優先して協議しましょう。

もし、追加費用なしでは厳しいと言われた場合は「沈黙は金」テクニック（→ p.109）や「そこを何とか……」という「万力」テクニック（→ p.111）を活用して粘り強く交渉してください。

それでも説得できないときは、次回取引や支払方法（翌年度支払など）などの譲歩カードを切りながら、追加費用が多くかからないように交渉しましょう。

　ここでは、中心戦術を補完するものとして、ビジネス交渉で有効な心理学を活用した戦術を取り上げますが、これらにもタクティクスのほか、トリックが含まれています。

　トリックは相手から使われたときに知らないと、まんまと相手の罠にはまってしまいます。トリックは使ってほしいからではなく、罠にはまらないために取り上げています。

①バンドワゴン効果

　バンドワゴンとは、パレードの先頭を行く楽隊車のことです。楽隊車が音を流しながらやって来ると、人は高揚し一気にお祭り気分になります。

　「バンドワゴン効果」とは、周りの人に同調行動を促す心理的タクティクスです。

　米国の社会心理学者ソロモン・アッシュによる実験の結果「自分も含めて3人が同調したとき、その意見の通りやすさは急激に上昇する」ということがわかりました。

　株主総会で議決を取るとき、議長が「いかがでしょうか?」と発言すると同時に、参加者の数名から「異議なし」の声や拍手などが起こると、他の人は異論を言いづらくなるのはこのためです。

　会議などで自分の意見を支持してもらいたい場合、参加者の中に自分の意見に同調してくれる人を事前に2名以上確保し、会議の当日は積極的に賛同してもらえるようにしておきます。

　特に日本人は集団主義なので、仲間外れを恐れる心理が強く働きますから「バンドワゴン効果」は非常に有効です。

②スティンザー効果

「スティンザー効果」とは、自分の発言に対して、反対意見を言いづらくさせる心理的タクティクスです。

米国の心理学者スティンザーによると、会議における心理傾向として、次のような原則があるといいます。

1. 反対する相手は、自分の正面に座る傾向が見られる
2. 自分の発言の後に出る発言は、反対意見が多い

そこで、反対者がいる会議を行う場合は、賛同者の1人に少し早く来てもらい、自分の席の正面に座ってもらいます。もし賛同者がいない場合は、反対しない人に正面に座ってもらいます。

賛同者が2人いる場合は、自分の正面と隣に座ってもらい、自分の発言が終わると同時に「賛成」と発言してもらいます（→「バンドワゴン効果」p.119）。

そうすることによって、あなたに反対する相手は、よほど確かな論拠を持っていない限り、反対意見が言えなくなります。

③ベン・フランクリン効果

「ベン・フランクリン効果」とは、自分に敵対する相手の否定的な感情を肯定的に変えるタクティクスのことです。

この名称の由来であるベンジャミン（ベン）・フランクリンは、米国の独立に多大な貢献をした政治家です。

ある日、フランクリンは、議会で自分を激しく非難してくる相手に対して「あなたの本を貸してくれないか？」という手紙を送りました。

二度ほど本を借りたところ、相手の態度が一変し、フランクリンに好意を寄せるようになり、協力的にもなりました。

　「どうすればいいですか？　教えてください」と、敵対する相手を頼りにした場合、相手は思わず助言してしまいます。

　すると相手は「嫌な相手なのに何で助言したのだろう？」と困惑による不快感（認知的不協和）が発生します。

　その不快感を取り除くため、相手の脳は帳尻合わせをし「自分が助言したのは、本当はこの人が好きに違いない（ということにしよう）」と心と言動を一致させ正当化しようとします。

　この正当化行為により、自分に好意を持ってくれるようになるのです。

　ビジネス交渉でも、敵対する相手の協力が必要な場合は、相手を認め、頭を下げて素直に教えを乞うことにより、相手が敵ではなく、協力者になってくれます。

④ピグマリオン効果

　「ピグマリオン効果」とは、人は期待されたとおりの成果を出すという心理的傾向を利用したタクティクスです。

　本来は、米国の教育心理学者ロバート・ローゼンタールによって提唱された心理的行動の１つで、人は褒めて、やる気を出させるほうが良い結果に結びつくというものです。

　交渉相手に対して「○○さんは、すばらしい知識をお持ちですので、味方になっていただければ百人力です。

　ぜひ、私どもにもそのお力を貸してください」などのセリフを何度も投げかけながら接します。

　すると、相手はやがて自分の期待するとおりになってくれる可能

性が高まります。

　ちなみに「ピグマリオン」の名称は、キプロスのピグマリオン王が自ら彫刻した乙女像を愛し続けた結果、乙女像が人間の女性になったというギリシャ神話に由来しています。

⑤ウィンザー効果

　「ウィンザー効果」とは、相手を直接褒めるのではなく、第三者を介して間接的に褒めることにより、自分に対する否定的認識などを一気に逆転させるタクティクスです。

　「この前、あなたの課長に会ったとき、先日のプレゼンテーションがすばらしかったと、あなたのことをすごく褒めていたよ。

　それと、あなたに厳しく当たるのは、それだけ期待しているからだとも言ってたよ」

　第三者を仲立ちにした情報、噂話のほうが、直接言われるよりも効果が大きくなります。特に利害関係の少ない第三者から言われると、真実と受け止める可能性がより高まります。

　ちなみに「ウィンザー」とは、米国の作家アーリーン・ロマノネスが書いたミステリー小説『伯爵夫人はスパイ』に登場するウィンザー伯爵夫人の名前に由来します。

　彼女が「第三者の褒め言葉が、どんなときでも一番効果があるのよ。忘れないでね」と言ったことから、こう呼ばれるようになりました。

⑥プラセボ効果

　「プラセボ効果」とは、まったく効果がない偽の薬でも「これは

本当によく効きます」と言って飲ませると本当に効いてしまうという、思い込みを利用したトリックです。

　ビジネスでも「この道一筋、経験が豊富な専門家」とか「この分野の著書を何冊も書いている」などと紹介されると、誰もが「その分野の第一人者」と信じて、何を言っても素直に受け入れます。

　また「メイド・イン・ジャパン」と表示されていると、どんな製品でも「品質は大丈夫」と無条件に信じることなども、一種のプラセボ効果と言えます。

　ちなみにプラセボとは、ラテン語の「I shall please」（私は喜ばせるでしょう）が語源です。

　そこから、患者を喜ばせることを目的とした薬理作用のない偽薬のことを指すようになったと言われています。

⑦ピーク・テクニック

　「ピーク・テクニック」とは、相手を「刺激する・そそる・煽る」ことで、まったく乗り気でない相手から協力を取り付けるために、広告業界で盛んに使われている心理的トリックです。

　相手に「なぜ？」とか「おや？」と思わせることや「ありえない」「考えられない」ということを投げかけることによって、相手の好奇心をかき立て、行動に結びつけることです。

　最初に相手が「まったく無理」と拒絶してきたときに「そうですよね。わかります。無理ですよね」と素直に相手の発言を受け入れ、共感します。

　すると相手は「おや？」と思い、好奇心が湧きます。さらに相手の無理という理由を一つ残らず聞き出しながら、ひたすら肯定し続けると、相手の協力を得られる可能性が高くなっていきます。

また、相手が完全な拒絶ではないと判断したときには「無理は百も承知でお願いしますので、○○については、このようにさせていただくつもりです。それでご理解願えませんか？」と、相手にとってメリットの高い譲歩カード（→ p.38）を持ち出します。

　すると相手は「ありえない」と関心を持ち、協力を得られる可能性が出てきます。

⑧スリーパー効果

　「スリーパー効果」とは、一度信頼を失って疎遠になった相手に対するタクティクスです。

　米国の心理学者ケルマンとホブランドが提唱した「分離仮説」によれば、相手の記憶の中では、説得者に対する信頼性と説得内容には、時間が大きく関係してきます。

　これらの記憶は時間が経つと分離され、相手には説得者に対する信頼性の記憶は薄れ、説得内容の記憶のほうが確実に残ると言います。

　そのため、自分が信頼を失っていると思っていたとしても、時間が経てば、相手には説得内容の記憶しか残っていないことも十分に考えられます。

　まさに「時間が解決する」ということです。

　ただし、改めて受け入れてもらうには、自分に対する信頼性が大きな比重を占めるので、相手に良質の情報を発信し続けることが重要です。

　以前ダメだったからと自分で「ノー」を出さず、諦めずに何度でも相手にアプローチしましょう。

⑨カリギュラ効果

　「カリギュラ効果」とは、人はダメと言われると、かえって余計にそれをやりたくなるという心理を利用したトリックです。

　昔話「鶴の恩返し」では「決して、機を織っているところを覗かないでください」と言われたのに、お爺さんが覗いてしまったばかりに鶴は飛び去ってしまいます。

　浦島太郎も「決して開けてはなりません」と言われたのに、玉手箱を開けてしまったばかりに一瞬でお爺さんになってしまいます。

　人の言うことに必ず逆らう天邪鬼の人に仕事を依頼するときには「頼もうと思ったけど、忙しそうだから……、他の人に頼むからいいや」とか「やりたくないでしょう？」などと自分の期待と逆のことを言ってみます。

　すると、その天邪鬼は「何だよ。勝手に忙しいと決めつけないでよ」とか「誰がやらないと言ったのだよ」などと応じてくる可能性があります。

　ちなみに、この名称はローマ帝国皇帝のカリグラをモデルにした映画『カリギュラ』からきています。

　内容が過激だったため一部地域で上映が公開禁止になったことで、かえって世間の注目を集め、禁止地区の人がこぞって他の地域に出かけてまでも、この映画を鑑賞したことに由来しています。

⑩ハウリング効果

　「ハウリング効果」とは、失敗した結果自体をいつまでも引きずっていると、同様の場面に遭遇したとき、失敗した記憶だけが増幅されて同じ失敗を誘発してしまうという心理のことです。

もし交渉に失敗したときは、結果に対して後悔するのではなく、なぜ失敗したのかという根本原因を論理的、客観的に追究することが重要です。

　失敗の原因を追究し、反省して改善していくことで、成功に近づくことができます。

　同時に「ハウリング効果」を払拭することができます。

　ちなみに「ハウリング」というのは、スピーカーが発する「キーン」という耳障りな発振音のことです。

　スピーカーの音がマイクに入る⇒増幅された音がスピーカーから出る⇒その音がまたマイクに入る⇒……、このループによって発生する不快な音を指します。

⑪反同調効果

　「反同調効果」とは、自分の意識をコントロールし、相手のペースに乗らないで自分のペースを守るためのトリックです。

　相手がいつも罵倒してくる場合、すぐに委縮するこちらの性格を知っていて、自分の思いどおりにするため、意識的に仕掛けていることが考えられます。

　それを防ぐためには、次のように「反同調効果」を活用します。

1. 相手の罵倒を客観的かつ分析的に聞く（自分に言われているのではなく、他人事のように批評しながら聞く）

　「そんなに、でかい声がよく出るものだ」「今の用語の使い方は変だよ。正しくは○○だよね」「怒鳴りだしてから、もう何分になるのかな。よく続くものだ」

2. 相手を特異なものとして、客観的かつ分析的に観察する

　「今日もまた水玉模様のネクタイだ」「瞬間湯沸し器だから、

頭が禿げるはずだよね」

このように、自分の意識作用をコントロールすることにより、自然とリラックスして、冷静になることができます。

⑫不貞の法則

「不貞の法則」とは、未知の人、馴染みの薄い人、初めのうちは認めてくれなかった人からの称賛のほうが、身近な人からの称賛よりも強く感じるというトリックです。

これは、米国の社会心理学者アロンソンによって提唱されました。

人は誰もが「承認欲求」を持っています。特に、身近な人からよりも、初対面など馴染みの薄い相手から褒められるほうが、より新鮮で刺激的なので、相手の協力を得る効果が高いと言われます。

そこで、馴染みの薄い段階で、意識的に相手を承認し称賛するコメントを投げかければ、一気に相手が好意を持ってくれる可能性が高まります。

ちなみに「不貞の法則」と呼ばれるのは、初めて逢った男性から褒められ誘惑されると、人妻でも恋人のいる女性でも、ついフラフラと貞操を忘れてしまうからだと言われています。

【事例7】 追加業務の認識合わせ

　本件担当者のAさんは、大手ソフトウエア会社のプロジェクト
マネジャー（PM）です。

　クライアントのI社は、半導体および電子機器の設計開発支援サー
ビスなどの業務を行っており、業界では中堅企業です。

　交渉相手はI社PMのFさんですが、自己中心的で、何事におい
てもかなり無理を言う担当者だそうです。

　1年後に、I社がグループ会社のM社を吸収合併するのに伴い、
Aさんは、両社の販売管理および生産管理システムの統合開発を同
社から委託され、作業をすすめていました。

　ところが先日、Fさんから購買管理システムの開発要請を受け、
概算費用（2,000万円～2,500万円）を持参したところ、Fさん
から「購買管理システムは販売管理システムに含まれているものだ
から追加費用はない」と言われました。

　Aさんは驚いて、その日の話は打ち切ったとのことです。

《アドバイス》

　当案件は、Aさんの説明どおりだとすれば、ベースとなる契約書
などの仕事範囲（スコープ）で、双方の認識が違っており大問題で
す。それにより、追加費用発生の有無に関わってくるからです。

　認識違いが判明したとき、Aさんが打ち合わせを切り上げたのは
良い判断でした。

　「購買管理システムは販売管理システムに含まれている」と強く
主張されると「そうだったかな？」と不安になってしまうからです。

　また、認識をすり合わせずに打ち合わせを進めてしまうと、後で

「追加費用は認めない」と言われたら、元に戻すことができなくなってしまいます。

　まず、当初契約のスコープがどのように記載されているのか、事実を確認してください。

　契約書などの確認と同時に、次の打合わせには万一に備えて、写しを持参することが重要です。

　いままでも、無理を言うFさんですから、自分の考えを強引に押しつけてくることも起こり得ると想定しておきましょう。

　もし、Fさんが「煙に巻く」トリック（→ p.113）を使い、Aさんを戸惑わせて自分のペースに巻き込む意図なのであれば、次のように対処することができます。

　「契約してから日が経っており、私も記憶が曖昧でしたので、契約書を確認してきました。契約におけるスコープは、販売管理システムと生産管理システムの開発であり、購買管理システムの開発は含まれていませんでした。

　念のため、契約書の写しを持参していますが、ご覧になりますか？」

　証拠を持っていると言われれば、Fさんも「えーっ！俺の勘違いだったのかな」と言いながら矛を収めてくれるでしょう。

　次回打ち合わせのときには、前記のようなコメントで双方の認識をすり合わせてから話を進めましょう。

　可能であれば上司などに同行してもらい、「費用はかかりますが、購買管理システムの開発を、今回行うのはすばらしい決断です。

　私どもも全力で取り組ませていただきます」と言い添えてもらえれば、より効果的でしょう。

　そのあと「つきましては、購買管理システム開発業務の見積書と納期について、いくつかの提案を持ってきましたので、説明させていただいてもよろしいでしょうか？」と切り出しましょう。

第5章
価格交渉力

　ビジネス交渉では価格が中心要件であり、新規契約の取引価格を決めるものと、契約期間中の値下げ・値上げなどの変更価格を決めるものがあります。

　「利は元にあり」と言われるように、最初の価格決めで最終利益が決定されると言っても過言ではなく、価格交渉は、もっとも重要な交渉になります。

　ビジネス交渉では、買い手はコストダウンの使命から、1円でも安い調達価格を目指します。

　一方、売り手は適正利益を確保するため、最初の提示金額にできる限り近い販売価格を目指します。

　相反する立場にいる双方が、信頼関係を壊さないで納得感や満足感の得られる価格交渉をするには、どうすればいいのでしょうか。

　そのためには、力関係だけを頼りにしたような相手を敗者にするような強引な交渉ではなく、相手と十分に協議する心構えが不可欠です。

　そして、価格だけに照準を当てた交渉にしないため、多くの譲歩カード（→ p.38）を用意して、それらを相手と交換しながら合意

を目指すというやり方が重要です。

　価格交渉に際し、まず価格の決定要素を知ることにより、多くの交渉手法を構築することができます。

　力関係だけの交渉にしないために、「価格トンネル」（→ p.135）のリスクや「トータルコスト」（→ p.137）についての理解が必要になります。

　また、価格目標を達成するためには「基準点の提示」（→ p.139）方法についても習得しておく必要性があります。

　さらに、勘違いや錯覚しがちな「数値の曖昧さ」（→ p.141）や相手から値下げ・値上げ要請があったときの「事前検討事項」（→ p.143）および「価格交渉の進め方」（→ p.144）にいても理解しておくことが重要です。

（1）価格決定要素

　調達価格や販売価格は、多種多様な価格決定要素が絡んで形成されています。それらを総合的に判断して、売り手と買い手の合意により取引価格が決定されます。

　価格決定要素とは、価格に影響を与えるものです。

　価格交渉の事前準備をする際には、まず価格決定の要素を分析します。

　主な価格決定要素には、次のようなものが挙げられます。

- ・法律や条例などの規則／制約　・価格特性　・認識価値
- ・相対価値／比較価値　・原価／コスト　・利益　・通貨
- ・為替相場　・マーケットの傾向　・競合／競争
- ・力関係　・伝統／継続　・取引年数　・需要の緊急性
- ・取引の魅力　・買手の目標コスト　・売手の限度コスト
- ・信頼関係　・注文のタイミング　・ボリューム（量）
- ・その他

　価格決定要素は、直接的には価格交渉時に作用し、間接的には交渉後、安定供給や品質安定などの面で、徐々に影響を及ぼしていきます。

具体的検討事項

取引価格の具体的検討事項としては次のものがあります。

1. 原材料の価格特性
   - 「市況価格」(卸値:商品市場における相場価格) なのか、「市場価格」(小売価格:需要と供給が一致するところの価格) なのか?
   - 売り手の自助努力で何とかなるものなのか? その割合は?
2. 同業他社との競合関係
   - 売り手および買い手の競合状況は?
   - その独占、寡占、自由競争などの状況は?
3. 取引先重視度分析のポジション
   - 取引先の「取引先重視度分析」(→ p.50) におけるポジションは?
4. 代替取引先
   - 代替できる取引先 (→「バトナ」p.63) の有無は?
   - 代替先がある場合、そこの納入価格は?
   - 取引先変更の実現可能性は?

これらの総合判断により、相手に対する交渉戦略や対応が変わります。

たとえば、売り手の自助努力で何とかなるものであれば、交渉の余地がありますが、何ともならないものであれば、交渉しても徒労に終ります。

また、代替できる取引先があるのであれば、自分にとって利益重視の強めの交渉ができますが、代替先がないのであれば、自分が弱い立場にならざるを得ません。

（2）価格トンネル

「価格トンネル」とは、価格だけに照準を当てた交渉のことを指します。

買い手は「価格が一番、価格を下げよ」という社内プレッシャーやコストダウン達成という成果追求により、交渉内容はどうしても価格に焦点が集まります。

このアプローチで結果を出すこともできますが、非常に近視眼的な結果になりやすいことも事実です。

価格だけの交渉では、すぐに双方が立ち去るライン（→「幅を持たせた目標設定」p.58）に到達し、それ以外の取引カード（→ p.38）がないと、交渉決裂ということになってしまいます。

決裂しない場合でも、一方が相手から成果を奪い取る交渉結果になっており、必然的に相手を敗者にしてしまいます。

これは、長期的・累計的成果を考えると、望ましくない方法です。

価格トンネルに潜む危惧

強者が勝ち、弱者が負けるという力関係だけで決まる「価格トンネル」に潜む危惧としては、次のようなことが挙げられます。

（1）信頼感の喪失（相手の会社や担当者に対する不信感）

（2）次回取引への反動（安定供給の不履行や品質の劣化）

（3）トータルコスト（→ p.137）削減への期待薄

（4）下請法抵触の恐れ

こうしたことにならないためには、相手にとって納得できる取引

カードを多く用意し、相手と十分に話し合って合意することが重要です。

下請法違反

独占禁止法でいう「優越的地位の濫用」とは、親事業者（発注者）が交渉上の強い立場を利用して、弱い立場の相手（下請事業者）に不本意な合意を強要することを指します。

「価格トンネル」の交渉では、前記のように力関係だけで決まってしまいがちなので、その行為は下請法にも抵触します。

下請法の禁止行為の「買いたたき」事例の１つとして「一方的な原価低減要請」があります。

親事業者は、下請事業者に原価低減要請をするときは、経済合理性や十分な協議を欠いた要請をしないことと規定されています。

自社都合によるコストダウンの目標数値を提示するだけで、下請事業者に原価低減要請をしているとしたら、この行為は下請法違反になります。

違反行為を指摘されると、行政指導や勧告が実施され、悪質と判断されると、公正取引委員会のホームページに企業名と違反内容が公表されます。

同時に、原状回復などの罰則金の支払い義務も生じます。

ただし前記のとおり、多くの取引カード（経済合理性の要素）を用意し、自分と相手の双方が納得感のある合意点を見出す交渉を行えば、必要以上に下請法を恐れる必要はありません。

（3） トータルコストへの反映

　「トータルコスト」とは、イニシャルコスト（初期費用）とランニングコスト（維持費用、運営費用、および運転費用）を合わせた総費用を指します。

　買い手は、コストダウンが重要な使命の1つですが、購買品の特性や相手の感情を考えず、やみくもに値切っているとしたら、取引価格（イニシャルコスト）を決める場合も、相手の自発的好意的な協力は期待できません。

　消耗品のようなものなら価格だけで判断しても問題ないかもしれませんが、設備や装置のようなものの場合は、品質や耐久性、その後のランニングコストなども考慮に入れなければなりません。

　イニシャルコストだけを考えれば、より低価格のものを比較購買すればいいのですが、使い勝手が悪かったり、維持費用などが多額の場合は、ランニングコストが高くついてしまいます。

　それでは、トータルコストとして考えたとき、正しい調達とは言えないことになります。

〈ポンコツ自動車の購入〉

　イニシャルコストが安いからといって、ポンコツ自動車が安価であるとは言えません。

　購入した後、頻繁に故障が発生し修理費が嵩む恐れや、ナビゲーターなどの備品装置が付いていないと多額のランニングコストが発生し「安物買いの銭失い」になってしまいます。

　同時に、その車に乗ることによる快適さ、利便性およびステータスシンボルといった満足度も含めたトータルで判断することが重要

です。

追加料金ゼロ

自営業の知人から、次のような話を聞きました。

「先日、ある発注者から、追加料金は払えないが某作業を期日までにやってくれとの依頼があった。

指示内容からすると、追加料金をもらわなければとてもできないものなので、そう相手に伝えたが拒否された。

言い方が『それぐらいやって当然だろう』というような上から目線の無理強いだったので、非常に不快で腹が立った。

自分は弱い立場なので、面と向かって文句は言えなかったが、どうしても気持ちが乗らず、仕様を満たすだけの雑な仕事になってしまった」

この場合、発注者は「追加料金はゼロ」という主張を通すために優越的地位を濫用し、そういう言い方をしたものと思われます。

しかし、受注者の感情を損ね、商品やサービスの品質を著しく劣化させてしまいました。

発注者とすればイニシャルコストを抑えたつもりでも、商品やサービスに劣化が生じたら、エンドユーザーの支持や信用が失われることも十分に想定しなければいけません。

（1）基準点の提示

　価格交渉における基準点とは、双方が目標としている価格の基準や数値のことです。

　交渉ではどのあたりが相場なのか、妥当なのかが双方ともわからずに行うことがよくあります。

　人間関係ができていれば、双方の立場を考慮した基準点の提示になりますが、人間関係ができていない場合は、駆引きの気持ちが強くなり、双方が本音を悟られないように警戒します。

　そのため、自分が有利な立場になることを狙い「相手にマーカーを置かせる」（→ p.40）とか、「アンカリング効果」（下記）などのテクニックが使われます。

アンカリング効果

　「アンカリング効果」とは、最初に自分が価格や条件を提示することで、その数字や情報がアンカー（錨：基準点）となり、相手の判断に影響力を及ぼす心理的効果のことです。

　たとえば、サプライヤーから 120 万円の見積金額を受領しましたが、上司の指示は 100 万円未満です。

　この場合、対立点にするマーカーとしてアンカーを打ち込むと、後々の交渉がやりやすくなるので、「信用度の範囲」（→ p.59）の中で、できるだけ低い金額を提示します。

　そこで、85 万円というマーカーを打ち込むことにより、交渉を

120万円と85万円の範囲内に持ち込むことができます。

　それにより上司からの指示の100万円未満という目標達成の可能性も出てきます。

　このアンカーを打ち込まなければ、相手が提示した120万円という初回見積金額からの攻防となり、とても100万円未満という合意点には達しないでしょう。

基準点の有効活用

　相手から、競合他社などの納入価格を基準として「その価格と同額で」という要請がよくあります。しかし同じ価格でと言われても、すべての条件が同じでなければ素直には受けられません。

　そこで、そういう相手に対しては、「その価格であればこういう機能やサービスになりますが、それでよろしいでしょうか？

　もし、弊社の機能やサービスが必要ということであれば、価格は○○円になります」（→「イフ・ゼン型提案」p.93）と条件付きの基準点を打ち込むことで、より優位な交渉をすることができます。

　また、相手から納期の質問を受けた場合、自分の提示としては、少し余裕のある期日をアンカーとして打ち込んでおきます。

　そうしておくと、納期を早めることができれば、相手から感謝されることも考えられます。

　さらに、販売価格を提示する場合は「特別価格3万円」と言うよりも「通常価格10万円のところを本日に限り3万円で提供します」と、並列して提示します。

　そうすると「通常価格は10万円」が基準点となり、その比較において消費者は「3万円なら買い得」と判断するので、大いに購買意欲を喚起することができるのです。

（2）数値の曖昧さ

　人はきわめて曖昧な感覚を持っていて、慣習や相対的価値の錯覚などにより、商品の価格について本来の数値とは異なる思い違いをすることがあります。

　たとえば「端数価格」です。980 円などと最後の数値を「8」にすることによって消費者に安く感じさせる価格のことです。

　「慣習価格」も同様に、缶ジュースなら 100 円くらいといった消費者が固定観念として抱いている価格のことです。

　一般的に企業が製品などの販売価格を決めるとき、コストなどの企業側の要因に加え「端数価格」や「慣習価格」といった消費者心理を利用した価格設定をすることが多くあります。

　また、価格交渉においては、切りの良い数値にこだわる人が多いことも事実です。何の根拠もなく「端数は切ってよ」と言うのがその典型的な例です。

　ビジネスにおいて価格交渉をする場合は、それらの感覚的な数値に惑わされず、冷静に論理的に数値を決めることが重要です。

切りのいい数値

　値引き交渉において「10% オフ」とか「15% オフ」などの切りのいい数値がしばしば用いられます。

　覚えやすく計算がしやすいことは事実で、「9.5% オフ」では納得しない相手でも「10% オフ」にするとすぐに合意が取れます。

　しかし、当方としては「9.5% オフ」が目一杯な場合は、無理に切りのいい「10% オフ」を要請されても困るわけですし、そうす

る必要もありません。

一方、「10% オフ」より「11% オフ」のほうが間違いなく有利なのに、「10% オフ」で満足し「11% オフ」にあえて挑戦しない人も多くいます。

本体価格では切りのいい数値を受けられない場合は、事前に付属品やサービスなどの、他の「取引カード」（→ p.38）の原価を検討しておきます。

そして「本体の値引きはこれが目一杯で、これ以上はどうしようもありません。

値引率は 9.5% ですが、この付属品を付けますと、実質的には 11.2% オフになりますので、ご要望の 10% を超える値引きになります。いかがでしょうか？」と持ち掛けます。

こうすることで、精一杯の値引きを提示しているという印象も与えることができ、相手の満足感をあげられます。

数値を使って相手を説得するときは、切りのいい数値よりも端数を利用したほうが信憑性もあがります。

相対的価値による錯覚

「相対的価値」とは、他の何かと比較して考える価値のことです。

それに対して「絶対価値」は、他と比べようもない価値のことで「1 個○○円」のように金額によって表示された価格などです。

日常業務で取り扱う金額の桁数があまりに大きいと、相対的価値による錯覚から、金銭感覚が麻痺することがあります。

以前、不動産投資会社でセミナーを行ったとき、受講者の一人が「値引き交渉をした結果、たかだか 1 億円ですが下げることができました」と発言しました。

「1億円が"たかだか"という金額？」と驚きましたが、聞くと100億円近い物件を購入する交渉だったそうです。

　ただ、どう考えても1億円は"たかだか"という金額ではないはずです。金額には絶対的価値があります。

　こうした錯覚は、相対的価値のなせる仕業です。

（3）値下げ・値上げ要請

　為替相場による輸入原材料費の高騰や暴落、人手不足による人件費および輸送費の上昇下落、また、自然災害や貿易摩擦、政府方針の激変などにより、値下げや値上げ圧力が発生します。

　買い手は同業他社との熾烈な競争を勝ち抜き、会社の存続や発展を図るため、つねに値下げ努力をすることが義務付けられています。

　一方、売り手は原材料などのコストアップが続くと、会社の存続や発展が厳しくなりますので、値上げ（値戻し）要請をせざるを得なくなります。

　価格決定後における、契約中での値下げや値上げ交渉は、特に難易度が高くなります。

事前検討事項

　値下げや値上げを要請する場合は、事前に次のことを検討しておきましょう。

　1. 関係資料や過去の対応事例

　　原材料や原油価格、人件費、運賃などのコスト推移がわかる関係資料や、過去のコスト高騰（暴落）時における自社の方

針や対応事例を確認

2. 自社の実態

原材料費などの値下げや値上げ金額が、自社製品価格に影響する度合い、そのうち自社の自助努力でどれくらい吸収したのかなどの実態把握

3. 相手の対応

事前に、相手に深掘り質問（→ p.83）をして、相手の最低限の要望を聞き出し、どうすれば合意することができるか。

また原材料費などの高騰（暴落）が収まったときには、価格を元に戻してもらえるかなどの確認

今後も大切にしたい取引先の場合、双方の立場が成り立つ対処法を十分に相談することが重要です。

価格交渉の進め方

具体的な価格交渉の進め方としては、次のようになります。

なお、価格交歩における交渉フェーズも、第3章「6つの交渉フェーズ」（→ p.49) と同じで、「下調べ」→「準備フェーズ」→「実施フェーズ」の順に進めます。

1. 交渉開始

正式に「値下げ（値上げ）の願い書」などの要請文書を作成し、相手に提出

併せて要請の根拠となるデータやエビデンスを記載した参考資料を添付

2. 相手からのリアクション

拒否あるいは金額の変更要請を対面で受けた場合、想定外の返答なら「フリンチ」（→ p.41）、配慮のある返答なら「サンク＆バンク」（→ p.42）を掛ける

ただし、理由説明を受けるときは肯定的に聞く

3. 合意を目指し交渉続行

相手に対し、当初要望金額を再提示することもあり得る

その場合、相手を納得させる根拠がなければ合意は難しいので、多くの「譲歩カード」（→ p.38）を用意する

1枚ずつていねいに提示し、相手の納得度を高めながら合意を目指す

なお、値下げ（値上げ）交渉では「価格」だけに照準を合わせると、「価格トンネル」（→ p.135）での交渉になるので、確実に合意する方法として、多くの取引カードを用意して活用します。

また「感性価値」（→ p.29）を活用し、同業他社と比べて自社の強み・優位性・差別性を3つに絞り、それらを的確なタイミングでアピールすることも有効です。

粘り強い値上げ交渉

ビル管理会社の役員から「当社では人手不足という現状から賃金を上げないと社員募集もままならず、ビルのオーナーに対してビル管理費の値上げ要請をせざるを得ない。

拒否された場合は契約打ち切りも止むなし」と会社の方針が出ているが、どうすればいいかとの相談がありました。

そこで、次の事項を検討し、相手の理解を得ることを最優先させるようアドバイスしました。

1. ビル管理をさせてもらっていることへの感謝と、今後も継続したい気持ちでいることを伝える
2. 会社の正式文書として「値上げ願い書」と同ビルの採算状況などのデータや根拠となる数値など参考資料の提出
3. 必ず次のような問題解決の方策を2つ以上提案

   〈案1〉現状の管理体制を維持する場合は、管理費を年額○○万円に増額する

   〈案2〉管理費増額幅を抑えたい場合は、今後の管理体制を△△に変更する
4. あくまでも強硬に拒否された場合は、当ビルの不採算の実態を再度説明

   「万一ご理解いただけない場合は、会社の最終方針として、これ以上の続行は不可能なので、断腸の思いで管理契約を解約せざるを得ない」と、「第三者の権限」（→ p.105）を活用して最後通告をする

相手のメリット

値下げ（値上げ）交渉は、ビジネス交渉の中でも難易度の高い交渉です。

交渉相手との間に代理店などを介する場合、なかなか成果があがらないのは、代理店の担当者が、口には出さなくても「その値下げ（値上げ）案件は、御社の都合でしょう。私には関わりないことです」と、その気になっていないからです。

代理交渉を依頼するのであれば、成功報酬や次の追加業務など、相手の明確なメリット（→ p.21）や利益の提供が不可欠になります。

〈トヨタの値上げ容認理由〉

2012 年、トヨタ自動車が日本製鉄の 10% 値上げを容認しました。「あの猛烈な原価低減活動で有名なトヨタが、なぜ？」と誰もが驚きました。

その容認理由を検証すると、次のことがわかりました。

1. 当時の円安が、売り手の日本製鉄にとっては原料コストの上昇要因になったが、買い手のトヨタにとっては好業績の追い風となり、値上げを受け入れやすい環境であった

2. トヨタにとって日本製鉄は「取引先重視度分析」（→ p.50）において、他社に切り替えることができないほどの重要な取引先であった

3. 重要なパートナーとして、長年にわたる強い信頼関係が両社に存在していた。円高でトヨタが苦しんでいた時期は、日本製鉄が協力してきた

4. 半年ごとに鋼板価格の見直し協議をするというのも、値上げを容認する安心材料の 1 つになった

上記のとおり、容認理由とタイミングの合致が最大の要因でしたが、値上げ容認でも、価格だけではなく長年にわたる信頼関係が基盤にあることや、代替のきかない重要な取引先という「価値」が大きな要素を占めていました。

【事例8】ホームセンターの値下げ交渉

　本件の担当者Bさんは、業界大手のホームセンターK社の本部で日用雑貨事業部のバイヤーを務めています。

　取引先のJ社は、日用雑貨におけるナショナルブランド商品の大手企業です。交渉相手は、同社日用雑貨部新任のG課長です。

　先日、G課長に初めてお会いし、衣料用洗剤をはじめとする日用雑貨商品の値下げ要請を行い、いよいよ翌週、値下げの再交渉を行います。

　先日の商談で、G課長から聞き出したおもなコメントは次のものです。

1. 自分の本音では、異動したばかりなので、値下げの話は聞きたくなかった
2. K社との取引拡大は、当社としても望んでいることなので、値下げの申し入れについては真摯に受け止めている
3. 従来はお断りしていた案件と聞いているので、上司を説得するためにも、何か当社にメリットのある提案などを用意してほしい
4. 決済を取る必要があるので、次回商談の場での即答はできない

≪アドバイス≫

　J社の日用雑貨商品の値下げ実現を最優先に交渉することを念頭に置いておきましょう。

　「何か当社にメリットのある提案などを用意してほしい」との要請に対する有効な提案を準備します。

特に、Ｇ課長は異動したばかりということなので「私はあなたのパートナー」（→ p.18）というメッセージを強くアピールしながら、同課長の立場を十分に考慮した提案をすることが重要です。

　たとえば、現在納品している商品の値下げを要請する代わりとしては、次のような提案が考えられます。

1. 新規取引や拡充商品を増加する
2. 値下げ実施時期については、カテゴリーごとに相談する
3. 新規取引や拡充商品については、当面の納入価格を譲歩する

　また、交渉が行き詰まったときのため、自社が提供できる「取引カード」（→ p.38）をさらに用意しておきましょう。

　ただし、コストパフォーマンスを考え、当方の持ち出し（コストおよび手間）の少ない「譲歩カード」から切り出すための譲歩順位を検討します。

　自社で準備した提案を１つずつていねいに説明し、同課長の反応を確認しましょう。

　もし要望があれば、それをしっかり聞き出します。

　同課長が、こちらの提案内容や「譲歩カード」に興味を示したときには、必ず「その代わり、納入価格は○％低減でお願いします」と自社の「優先カード」と交換しましょう。

　「次回商談の場での即答はできない」と聞いているので、商談終了時には、同課長からの内諾をもらうと同時に、いつまでに上司の決済をもらえるかも確認しておきます。

　今後のＧ課長との協力関係を約束し、次回の商談日を決めてから、当日の商談を終えるようにしましょう。

第6章
クレーム対応

　クレームとは、購入した商品やサービスに意見や不満をもつ顧客が、それを提供した企業に対して問題点を指摘したり、苦情を述べたり、損害賠償を要求する行為やその内容のことです。

　クレームはビジネスにはつきもので、クレーム対応もビジネス交渉の主要な業務の1つになります。

　クレームでは、相手に寄り添い、互いに知恵を出し合い、何らかの解決策を探す姿勢が重要になります。

　相手からクレームを受けた場合の対応シナリオは、次のようなものです。

　まず「初動対応」として、相手の気分を害してしまったことに対して真摯に謝罪します。

　相手の気持ちに寄り添いながら「事実確認と原因究明」を行い、続けて相手の要求を確認のうえ「解決策提案」をします。

　そして、合意に至ったときは「事後回復」をします。

　相手との信頼関係を壊さないで納得感の高いクレーム対応をするためには、この4つのフェーズで対応することが不可欠です。

（1）初動対応

　初動対応とは、クレームを受けたとき、相手の出方に応じた言動のことです。初動対応の巧拙により、相手の怒りが半減したり、逆に倍増したりすることがあります。

　相手は不満があるからクレームを発しているのですから、そのことに対して、まず真摯に心をこめて謝ることが重要です。

　クレームを発した顧客を気遣い、迷惑を掛けて申し訳ないという気持ちを込めて対応しましょう。嫌々ながら応対すると、それが相手に伝わり怒りを爆発させる恐れもあります。

　たとえ、厳しく叱責されたとしても、責任逃れと思われるような弁解は避けましょう。

　まずは、顧客の不満や不安などを払拭する言葉が必要になります。そのメッセージを、初めに言うのと言わないのでは、敵か味方かという相手に与える自分の位置づけが大きく変わります。

　たとえば「私が責任を持って対処させていただきます」というコメントは、責任逃れをせずに誠意をもって対応しますというメッセージになります。

　原因が自分以外の自社社員などの失態であったとしても、相手の気分を害するような状況になっていることは事実ですから、まずは同調して謝罪します。

　ただ、同調の謝罪は初動だけで、後は冷静に相手の意向を探り、その意向に沿って的確なクレーム処理を行います。

同意しなくても同調する

クレーム処理における初動対応の鉄則は「同意しなくても同調する」です。たとえ相手の主張内容に同意できなくても、相手の心情に合わせることが重要です。

顧客に迷惑をかけたことに対する、謝罪の気持ちの表現になります。

対面であれば、深々と頭を下げて真摯に謝罪の気持ちを表します。

電話で怒っている場合は「え〜っ！お話をお聞きしてビックリしました。ご不快な思いをさせてしまい申し訳ございません」と、深々と頭を下げながら驚きの声を発し、少し大袈裟に謝ります。

それによって相手は「本気で謝罪しているな。話のわかる担当者のようだ」と少し安心して冷静になってくれます。

逆に、最悪の初動対応は、相手がカンカンになって怒っているのに「そうですか。それはどこで買われましたか」などと事務的に応対することです。

それでは「何だ。こちらは頭にきているのに、他人事のような言い方をしやがって……」と、その誠意を感じない対応に怒ってしまうのです。

だから、同意しなくても同調するというクレームの初動対応が不可欠になります。

担当者不在

お客様窓口などコールセンターのない会社で、事務所に直接クレーム電話が入りました。

担当者が不在だったため「あとで電話させる」と答えたところ、相手が激怒したという話を聞いたことがあります。

相手の了解を取らずに「あとで電話させる」と返答したため、相手の怒りや不安を倍増してしまったのです。

　こうした場合は「あいにく担当者が外出しておりますので、至急連絡を取り、折り返し連絡させていただきたいと思いますが、よろしいでしょうか？」と相手の了解を取ることが重要です。

　了解が取れた場合は、相手の氏名、連絡先、連絡希望時間帯、およびクレーム内容をメモします。

　担当者には、相手から聞き出した内容を正確に伝え、担当者が相手に同じ内容の質問をしないことが重要です。

　最後に「この件は、私○○が責任をもって担当者に伝えます」と言うだけで、相手に安心感を与えることができます。

　担当者が折り返し電話をする想定時間を伝えれば、相手の納得度は一層高まるでしょう。

　ただし、相手との約束時間までに担当者と連絡がつかない場合などは、そのことを相手に連絡することを忘れないようにしてください。新たなクレームになってしまいますので。

悪質なクレーマー

　クレーマーの中には、悪質なクレーマーも混じっています。悪質なクレーマーの特徴としては次のようなものが挙げられます。
　1）最初から過度の見返りを要求
　2）限度を超えた威圧的な脅しの言動
　3）執拗に「トップを出せ」と強要
　4）執拗に「担当者の解雇」を強要
　5）限度を超えた長時間の居座り

このような悪質クレーマーには次のように対応します。

1）毅然とした態度をとる
2）早い段階で「要求には応じられない」と明確に伝える
3）その場しのぎの対応をしない
4）言質を取られないように、次のような言葉を繰り返す
　　「申し訳ありませんが、会社の方針でできかねます」

　悪質なクレーマーは無理難題を吹きかけ、こちらが怖がるなど隙を見せると付け込んできます。
　事前に対策を立てておき、早目にガードすることが重要です。

（2）事実確認・原因究明

　クレーム対応では、謝罪の気持ちを伝えたあとに、事実確認や原因究明を行います。
　謝罪より先に原因究明の話をしがちですが、それはクレームの原因が自分の失態ではないと思っているからです。
　それでは、相手は責任逃れをしているとしか受け取ってくれず、ますます険悪になってしまいます。
　相手にクレームの原因などを伝えるのは、相手から「何でそうなったのか？」と質問されてからのほうが無難です。相手がそのような質問をしてくるのは、少し冷静になった証拠だからです。
　相手の怒りが納まった頃に、クレーム内容について事実を確認します。
　クレームの理由を正確に把握し、もしその理由が自社の原因でなければ、その旨を説明し、理解を得ることが重要です。

クレームを受けた場合、「その製品は以前も苦情が来ましたが、弊社の責任とは断定できませんでした」などと曖昧な答えをしてしまいがちです。

顧客にしてみれば「以前にも問題があった欠陥製品を売るなよ。いい加減にしろ」と気分を害することは間違いありません。

同時に、当社に対しても大きな不信感を持つことになるでしょう。

クレーム処理の定石として、そのクレーム内容がレアケースであることを強調しないと、逆に相手は納得してくれないということを肝に銘じておいてください。

部分的肯定

クレーム対応における事実確認や原因究明のときは、相手の話を一生懸命に聞くことが重要です。相手の話を真剣に聞かない限り、決して相手はこちらの話に耳を傾けてはくれません。

謝罪には「全面謝罪」と「部分謝罪」があります。

全面謝罪は「すべて私が悪い」と全面的に非を認めて謝るのに対し、部分謝罪は「迷惑をかけた」「不愉快にさせた」という部分について謝るものです。

肯定にも「全面的肯定」と「部分的肯定」の2つがあります。

全面的肯定は「あなたの言うとおりです」などと全面的に相手の主張や責任追及を承認するものです。

すべての責任は自社にあり、いかなる責めを負わされても異議はありませんと表明することになります。

一方、相手の言い分が納得できず全面的肯定ができない場合は、部分的肯定をします。「お気持ちはよくわかります」など相手の気持ちに寄り添うような共感のある言葉をかけます。

部分的肯定は相手の気持ちや言い分などの部分について承認するもので、責任が自社にあると表明することにはなりません。

　臨機応変に相手の共感を得られるような肯定的返答を心がけましょう。

失地挽回

　以前、新規取引先候補の役員を訪ね、同行者を紹介したところ、名刺交換の際、同行者が相手の名刺を取り損ねて床に落としてしまいました。

　相手はプライドの高い人で、自分の名刺を粗末に扱われたと思い、カンカンになって怒り出し「帰れ」と怒鳴りました。こちらは平身低頭謝ったのですが、相手の怒りはなかなか収まりませんでした。

　しばらく経って少し落ち着いた相手から「今日の打ち合わせは止めましょう。お帰りください」と言われたので、重ねて謝罪してから退室しました。

　帰り道、同行者になぜ名刺を落としてしまったのかを確認したところ、彼は初期の老眼で名刺と自分の指先との距離感がわからなかったため取り損なってしまったとのことでした。

　翌日、謝罪のコメントとともにその事実を文書にしたため、相手に郵送しました。すると相手から連絡が入り、後日の打ち合わせで、何とか契約に漕ぎつけることができました。

　ビジネスにおいて、こちらのミスにより相手を怒らせてしまうことがあります。

　しかし、それが相手の誤解によるものである場合、相手が冷静になるのを待ったうえで、事実やこちらの真意を正確に伝えて相手の誤解を解いてもらうことが重要です。

（3）解決策提案

　クレーム相手は、こちらに対し不信感を持っており、適当にごまかされまいと警戒しながら、こちらの解決策を待っています。

　そのため、納得感を与えられるような善後策の提案が不可欠になります。

　また、被害が続いているときには応急措置の提案が必要です。

　クレームを発した相手は、こちらが不始末をしたのだから償いをするのが当然だという思いで対応を要求しています。

　そのとき、即座に「規則によりできない」という結論ありきのネガティブな対応をすると、相手は感情的になって激高することがあります。

　怒らなくても、落胆したり、悲観したり、失望したりします。

　あるいは「無理だろうな」と思いながらも、納得がいかないので、自分の言い分を聞いてほしい、わかってほしいということでクレームを発している可能性もあります。

　そのときも、規則などを盾にして拒否すると、素直に納得してくれるはずがありません。

　クレームの相手に対して、原則論だけで説得しようとすると、相手はますます態度を硬化して怒りを増大させます。

　クレームに対して解決策が出せない場合もあります。

　しかし、まずは相手の要求をしっかりと聞き、相談する姿勢を見せれば、納得してくれる可能性が高まります。

アクティブ対応

トラブル処理において、顧客がいきなり「どうなっているんだ」と詰問してきたので「いま原因を究明していますので、結果が出るまでいましばらくお待ちください」と答えたところ、顧客が怒り出したと聞きました。

顧客にすれば「悠長にしている場合ではないだろう。この問題を早く解決しないと大変なことになる。自分の責任問題になるかもしれない」と不安がっている、もしくは恐れている可能性も考えられます。

その場合「どうなっているのだ」という怒りの感情の言葉の奥に隠されている不安や恐怖の感情を読み取り、応急措置の提案などのアクティブな対応を行うことが不可欠になります。

「どうしたらできるだろうか?」「こうすればできるのではないか?」という思考や「こういうことはできませんか?　それであればできると思います」と肯定的な方向に導くことが重要です。

アクティブな言葉は、相手に希望を持たせたり奮い立たせたり、可能性を開いたりして気持ちを前向きにさせます。

２つ以上の提案

クレームで解決策を相手に提案する場合、２つ以上の提案が必要です。

１つの提案では、相手がその時点で承諾したとしても、そのあとで「うまくごまかされたのではないか」という疑念を生むことがよくあります。

選択肢がなければ、相手は選びようがないからです。

提案したものと匹敵するような代替案があるのなら「AかBのどちらがいいですか？」と選択肢を提示することは、相手にとっても望ましいことで、相手の決断を容易にすることもできます。

　しかし、つねに適切な複数の提案が出せるとは限りません。

　そのようなときでも、こんな提案はダメだろうと自分で「ノー」を出さないで2つの案を同時に提案します。

　相手が見劣りのする提案を「こんなのダメ」と言ったときに「そうですよね。それではこちらの案でよろしいでしょうか？」と、もうひとつの案を勧めます。

　それで決まった場合、相手は自分が選択したので疑念を持つことはありません。

　提案をする場合は、必ず2つ以上の提案をして、相手に選択してもらうように心がけてください。

（4）　事後回復

　「事後回復」とは、不始末の後処理として、顧客との信頼関係を回復させる行動のことです。

　クレーム対応が一段落したとき、顧客に改めて謝罪するとともに、自社に対する顧客ロイヤリティの回復に努めます。

　自社では気づけなかった製品やサービスの潜在的な欠陥や不都合などを教えてくれたのですから、心をこめて感謝することです。

　クレームを発してくれる顧客は、自社の製品・サービスなどに関心を持ってくれている人であり、迅速・適切に対応することによって、逆にファンになってくれることも期待できます。

　クレームに場当たり的な解決やもみ消しをするのではなく、一つ

ひとつのクレームを真摯に受け止めます。

　同様のクレームの再発を防ぐとともに、クレームを発した顧客には、必ず満足してもらえるように適切な対応をすることが肝要です。

　近年では、クレームは大切な「顧客の声」として、多くの企業が製品やサービスの改善対処の一環として積極的に受け入れています。

　また、クレームは「発生したこと」よりも「いかに対処したか」が重要です。

　「誰が起こしたか」ということよりも「なぜ起こったか」の原因を追求して、再発防止に努めるとともに、製品などの改善につなげていくことが不可欠です。

クレームをチャンスに変える

　米国の経営コンサルタント、ジョン・グッドマンは「グッドマンの法則」として、クレーム対応と再購入決定率の相関関係について、次の法則を提唱しました（「米国における消費者苦情処理」調査）。

〈第1法則〉不満を持った顧客のうち、苦情を申し立てその解決に満足した顧客の当該商品サービスの再購入決定率は、不満を持ちながら苦情を申し立てない顧客のそれに比べて高い。（不満を持った顧客の苦情を迅速に解決することができれば、82％の高確率でリピーターになる）

〈第2法則〉苦情処理に不満を抱いた顧客の非好意的な口コミは、満足した顧客の好意的な口コミに比較して、2倍も強く影響を与える。

　「グッドマンの法則」は、クレーム顧客への誠意ある対応がその後の大きな成果につながることを証明しています。

〈大坂なおみの神対応〉

　2018年全米オープンテニスの決勝戦は、セリーナ・ウィリアムズと大坂なおみの一騎打ちになりました。

　試合はセリーナの審判への抗議による中断もあり、地元のセリーナを応援する観客の大ブーイングに包まれる異様な雰囲気の中、大坂なおみが勝利を勝ち取りました。

　表彰式でも観客のブーイングが続いていましたが、大坂なおみのコメントが場内の雰囲気を一変させました。

　「みんながセリーナを応援していたのを知っています。こんな試合の終わり方でごめんなさい。ただ、これだけは言わせてください。

　この試合を見てくれてありがとうございます。

　子供のころから憧れていたセリーナと決勝で戦うことが夢でした。（セリーナにお辞儀をしながら）プレーしてくれてありがとう」

　その後、観客のスタンディングオベーションによる称賛の大きな拍手は絶えることなく続きました。

　ブーイングの大観衆を、一気に味方にした大坂なおみのすばらしい神対応でした。

　まずナオミは「初動対応」（→ p.152）として、観客が応援していたセリーナを打ち負かしてしまい気分を害してしまったことに対して、真摯に謝罪しています。

　次に観客の気持ちに寄り添いながら「子供のころから憧れていたセリーナと戦うことが夢でした」と「事実確認」（→ p.155）をしています。

　そしてセリーナに「プレーしてくれてありがとう」とリスペクトしながら感謝するという「事後回復」（→ p.160）をしています。

　それを聞いたセリーナが大観衆に向かって発した「ナオミにブーイングをするのはやめて！」という好意の返報性（→ p.29）による

「解決策の提案」につながりました。

　ブーイングもクレームも同じです。この大坂なおみの対応は、クレーム対応時のヒントや学びが多くあります。

【事例9】 装置故障のクレーム

　本件の担当者Tさんは、大手メーカーで半導体装置事業部の主任技術者です。

　クライアントのC社は、大手AV機器メーカーで、テレビ、オーディオ・ビデオ、半導体などの製品を開発、販売しています。

　交渉相手は、C社の真空成膜装置・設備技術課のY課長です。

　ある日、Y課長から怒りの電話が入りました。

「以前、御社から納品してもらった真空成膜装置が故障したため、製品ウェハーで不良品が発生した。

　装置内で基盤板を加熱すべきところが実際は加熱されておらず、不良品になっている。

　このトラブルを早急に対処しなければ、被害金額はますます増加し、私の責任問題になってしまう。至急、対応策を持って来社するように。

　今回の被害総額は、場合よっては数億円になるだろうから、御社への損害賠償も考えなければならない」と叱責されたので、Tさんは驚きました。

　社内で確認したところ「この装置はすでに保証期間外の古い装置なので、当社からC社に対して、定期保守が必要と事前にアナウンスをしたが実行されなかった。

　ただし当社としても、不具合発生時にはどういう状況や被害だったたかまでは把握できていなかったため、その説明はしていない」ということが判明しました。

《アドバイス》

　この件は、早急に対応策をまとめ、Ｃ社に対して報告および適切な事後対策を行わないと、大変な事態になってしまいます。

　このトラブルの対応を迅速・的確に行い（「初動対応」→ p.152）、Ｙ課長と相談しながら、当社に対する損害賠償の請求につながらないことを最優先目標にしてください。

　ただし、このトラブルにより、Ｃ社との取引が減少もしくは途絶えることは絶対に避けなければなりません。

　Ｙ課長との人間関係を壊すことなく、かつ同課長の協力を最大限に引き出せるような対応策を、至急検討する必要があります。

　まず真摯に「部分謝罪」（→ p.156）をし、続けて自分は最後まで責任を持って対処することを表明することです。

　その後、真空成膜装置が故障したことにより、どのような具体的被害が出ているかをヒアリングします（「事実確認・原因究明」→ p.155）。

　空成膜装置を新規に製造して交換するには、かなりの時間を要するとのことですので、被害を早急に止める応急措置を必ず提案してください。

　具体的には、応急的に中古の予備真空成膜装置と入れ替え、生産ラインを復旧させることを優先し、そのあと、新規装置を製造するかどうか、状況を慎重に確認しながらＹ課長と相談してください（→「解決策提案」p.158）。

　同時に、Ｙ課長にはＣ社に対して定期保守が必要ということを事前にアナウンスをしていたことを正確に説明します（「事実確認」）。

　そして、このトラブルの原因が、定期保守をしなかったために発生したことが判明した場合は、代替装置や設置費用も含めて、それ相応の費用負担の相談をすることと、損害賠償の話は取り下げても

らうことを約束してもらってください（→「解決策提案」p.158）。

　Tさんから適切な応急措置が提案されれば、Y課長は安心できますし、応急措置も納得できれば、このトラブルは早く解決できるでしょう（→「事後回復」p.160）。

あとがき

　サラリーマン時代、筆者は日常的に交渉を行う部門へ異動になりました。

　主に不動産に関連した交渉で、海千山千の相手も多くいました。しかし、誰からも交渉を教わることなく、我流で交渉現場に臨んでいました。

　交渉理論も知らず経験もない筆者は「汗かき、ベソかき、恥かき」ながら、20年の交渉現場の中で「こうすれば相手の協力が得られる。こうすれば相手と喧嘩になる」ということを肌身で覚え、自分なりの交渉理念や交渉スタイルを身につけていました。

　経営コンサルタントとして独立して間もないころ、コンサルタント仲間から「英国のコンサルタント会社が、これから日本で交渉研修を展開するためインストラクター（講師）候補を募集している。一緒にやらないか」と誘われたのが、この交渉プログラムとの出会いでした。

　レクチャーを受けてみて「相手を恫喝するような、私の理念に合わない交渉なら断ろう」と思っていました。

　しかし、説明を聞けば聞くほど「これって、私の交渉理念や交渉スタイルに、よく似ているではないか」と驚くとともに「この交渉プログラムであれば、争いごとを好まない日本人にも間違いなく受

あとがき　　167

け入れられる」と実感しました。

　さらに、信頼関係をベースにした交渉でしたので、筆者は「この研修を、私のライフワークにしよう」と決意しました。

　その後、この交渉プログラムに特化し、長年にわたって研修を実施していますが、残念ながら、研修を行うたびに、いまも「交渉嫌い」の日本人に多く出会います。

　しかし、研修後にはほとんど全員の方が「これまで交渉のことを誤解していました。

　交渉は喧嘩するためではなく、パートナーとして、お互いが納得や満足のできる合意点を探すためにするものだということが、よくわかりました。

　誤解していたので「交渉嫌い」でしたが、交渉に興味がわきました。これからも交渉を学んでいきます」と言ってくれます。

　その言葉こそが何よりも講師冥利に尽き、いままで頑張ってこれたと感謝しています。

　日本のビジネスパーソンの方々に、交渉に対する誤解を解き「交渉嫌い」を解消してもらいたいとの思いから、本書の執筆を決意しました。

　交渉に関する筆者の集大成として、自信を持って世に出せる書籍になったと自負しています。

　本書が、あなたの交渉における「座右の書」として愛用され、実務において大いに役立てていただくことを心から念願しています。

2020 年 6 月

観音寺一嵩

168　　あとがき

観音寺　一嵩（かんおんじ　いっこう）
株式会社 NRIJ 代表取締役社長／ NRI 認定コンサルタント
外資系ブックセールス会社「ウェブスター社」で訪問販売を実践。当時のセールス・レコードを樹立し、グループリーダー、教育トレーナーとして新入社員に訪問販売技術などを指導。
その後、大手紳士・婦人服専門店チェーンで、不動産関係責任者として 20 年にわたり対外折衝を実践。
中小企業診断士の資格取得後、1999 年に経営コンサルタントとして独立。
2002 年、PMMS コンサルティング・グループ（英国）から NRI『戦略的交渉力』プログラムのライセンスを取得。同年 9 月、株式会社 NRIJ を設立、代表取締役社長に就任。以降「交渉力セミナー」に特化し、大手・中堅企業の社内研修を中心に活動している。
著書に『戦略的交渉力』（東洋経済新報社）、『絶妙な交渉の技術』（明日香出版社）などがある。
　HP：http://www.nrij.jp/
　Email：kanonji@nrij.jp

ビジネス交渉 実践マニュアル

2020 年 7 月 20 日　第 1 版第 1 刷発行

定　　価	本体 1600 円＋税
著　　者	観音寺一嵩
発 行 者	宮沢　　隆
発 行 所	一般社団法人 日本資材管理協会
	〒 101-0032
	東京都千代田区岩本町 1-8-15
	岩本町喜多ビル 6 階
	TEL 03-5687-3477
	FAX 03-5687-3660
	HP　https://www.jmma.gr.jp/